1921-2021
厦门大学
XIAMEN UNIVERSITY

厦门大学百年校庆系列出版物

百年院系史系列

厦门大学
社会与人类学院院史

厦门大学社会与人类学院　编

厦门大学出版社
XIAMEN UNIVERSITY PRESS
国家一级出版社
全国百佳图书出版单位

图书在版编目(CIP)数据

厦门大学社会与人类学院院史/厦门大学社会与人类学院编.—厦门：厦门大学出版社，2021.3

（百年院系史系列）

ISBN 978-7-5615-8159-9

Ⅰ.①厦…　Ⅱ.①厦…　Ⅲ.①厦门大学社会与人类学院—校史　Ⅳ.①G649.285.73

中国版本图书馆 CIP 数据核字(2021)第 051766 号

出 版 人　郑文礼
责任编辑　薛鹏志　林　灿
封面设计　李嘉彬
技术编辑　朱　楷

出版发行　厦门大学出版社
社　　址　厦门市软件园二期望海路 39 号
邮政编码　361008
总　　机　0592-2181111　0592-2181406(传真)
营销中心　0592-2184458　0592-2181365
网　　址　http://www.xmupress.com
邮　　箱　xmup@xmupress.com
印　　刷　厦门集大印刷厂

开本　720 mm×1 000 mm　1/16
印张　15.5
插页　2
字数　270 千字
版次　2021 年 3 月第 1 版
印次　2021 年 3 月第 1 次印刷
定价　55.00 元

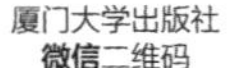
厦门大学出版社
微信二维码

厦门大学出版社
微博二维码

总 序

厦门大学 | 党委书记 张 彦
校 长 张 荣

2021年4月6日，厦门大学百年华诞。百载风雨，十秩辉煌，这是厦门大学发展的里程碑，继往开来的新起点。全校师生员工和海内外校友满怀深情地期盼这一荣耀时刻的到来。

为迎接百年校庆，学校在三年前就启动了“百年校庆系列出版工程”的筹备工作，专门成立“厦门大学百年校庆系列出版物编委会”，加强领导，统一部署。各院系、部门通力合作，众多专家学者和相关单位的工作人员全身心地参与到这项工作之中。同志们满怀高度的责任感和紧迫感，以“提升质量，确保进度，打造精品”为目标，争分夺秒，全力以赴，使这项出版工程得以快速顺利地进行。在这个重要的历史时刻，总结厦大百年奋斗历史，阐扬百年厦大“四种精神”，抒写厦大为伟大祖国所做出的突出贡献，激发厦大人的自豪感和使命感，无疑是献给百岁厦大最好的生日礼物。

“百年校庆系列出版工程”包括组织编撰百年校史、百年组织机构史、百年院系史、百年精神文化、百年学术论著选刊、校史资料与学生名录……有多个系列近150种图书将与广大读者见面。从图书规模、涉及领域、参编人员等角度看，此项出版工程极为浩大。这些出版物的问世，将为学校留下大量珍贵的历史资料，为学校深入开展校史教育提供丰富生动的素材，也将为弘扬厦门大学“自强不息，止于至善”校训精神注入时代的新鲜血液，帮助人们透过“中国最美大学校园”

的山海空间和历史回响，更加清晰地理解厦门大学在中国发展进程中发挥的独特作用、扮演的重要角色，领略“南方之强”的文化与精神魅力。

百年校庆系列出版物将多方呈现百年厦大的精彩历史画卷。这些凝聚全校师生员工心血的出版物，让我们感受到厦大人弦歌不辍的精神风貌。图文并茂的《厦门大学百年校史》，穿越历史长廊，带领我们聆听厦大不平凡百年岁月的历史足音。《为吾国放一异彩——厦门大学与伟大祖国》浓墨重彩地记述厦门大学与全国34个省级行政区以及福建省九市一区一县血浓于水的校地情缘，从中可以读出厦门大学在中华民族伟大复兴征程中留下的深深烙印。参与面最广的“厦门大学百年院系史系列”、《厦门大学百年组织机构史》，共有30多个学院和直属单位参与编写，通过对厦门大学各学院和组织机构发展脉络、演变轨迹的细致梳理，深入介绍厦门大学的党建工作、学科建设、人才培养、组织管理、社会服务等方面的发展历程，展示办学成就，彰显办学特色。《厦门大学校史资料选编（1992—2017）》和《南强之星——厦门大学学生名录（2010—2019）》，连同已经出版的同类史料，将较完整、翔实地展现学校发展轨迹，记录下每位厦大学子的荣耀。“厦门大学百年精神文化系列”涵盖人物传记和校园风采两大主题，其中《陈嘉庚传》在搜集大量史料的基础上，以时代精神和崭新视角，生动展现了校主陈嘉庚先生的丰功伟绩。此次推出《林文庆传》《萨本栋传》《汪德耀传》《王亚南传》四部厦门大学老校长传记，是对他们为厦大发展所做出的突出贡献的深切缅怀。厦大校友、红军会计制度创始人、中国共产党金融事业奠基人之一高捷成的传记《我的祖父高捷成》，则是首次全面地介绍这位为中国人民解放事业做出杰出贡献的烈士的事迹。新版《陈景润传》，把这位“最美奋斗者”、“感动中国人物”、令厦大人骄傲的杰出校友、世界著名数学家不平凡的人生再次展现在我们眼前。抒写校园风采的《厦门大学百年建筑》、《厦门大学餐饮百年》、《建南大舞台》、《芙蓉园里寻芳菲》、《我的厦大老师》（百年华诞纪念专辑）、《创新创业厦大人2》、

《志愿之光》、《让建南钟声传响大山深处》、《我的厦大范儿》以及潘维廉的《我在厦大三十年》等，都从不同的角度，引领我们去品读厦门大学的真正内涵，感受厦门大学浓郁的人文精神和科学精神。

此次出版的“厦门大学百年学术论著选刊”，由专家学者精选，重刊一批厦大已故著名学者在校工作期间完成的、具有重要价值的学术论著（包括讲义、未刊印的论著稿本等），目的在于反映和宣传厦门大学百年来的学术成就和贡献，挖掘百年来厦门大学丰厚的历史积淀和传统资源，展示厦门大学的学术底蕴，重建“厦大学派”，为学校“双一流”建设提供学术传统的支撑。学校将把这项工作列入长期规划，在百年校庆时出版第一辑共40种，今后还将陆续出版。

“自强！自强！学海何洋洋！”100年前，陈嘉庚先生于民族危难之际，抱着“教育为立国之本，兴学乃国民天职”的信念，创办了厦门大学这所中国历史上第一所由华侨独资建设的大学。100年来，厦大人秉承“研究高深学术，养成专门人才，阐扬世界文化”的办学宗旨，在实现中华民族伟大复兴的征程上书写自己的精彩篇章。我们相信，当百年校庆的欢庆浪潮归于平静时，这些出版物将会是一串串熠熠生辉的耀眼珍珠，成为记录厦门大学百年奋斗之旅的永恒坐标，成为流淌在人们心中的美好记忆，并将不断激励我们不忘初心继承传统，牢记使命乘风破浪，向着中国特色世界一流大学目标奋勇前行！

张彦　张荣

2020年12月

厦门大学百年院系发展概述

朱水涌

100年在历史长河中只是短暂的一瞬，但对于一所中国现代大学以及这所大学的学院科系来说，则意味着经历过极不平凡的历程。百年学府沧桑、十秩院系辉煌，为迎接厦门大学建校百年华诞，学校决定编撰出版“厦门大学百年院系史”系列，梳理淬炼院系的建设发展历程，以史为鉴，彰往考来，将院系的昨天、今天与明天联系在一起，发扬踔厉，这是一件极富建设意义与厦大特色的历史性工程。

一

20世纪初的中国，正如校主陈嘉庚所言：“吾国今处在列强肘腋之下，成败存亡千钧一发。”就在这千钧一发之际，为救国而创办大学成为一道时代的特别风景。马相伯因“慨自清廷外交凌智”而创办震旦学院（复旦前身）[①]，南开大学的创办者因国家的“贫弱”是因为“教育未能发展”而创立南开[②]，唐文治执掌交通大学砥砺第一等人才，目的就是“宏济艰难，救我中国”[③]。厦门大学校主陈嘉庚则在《筹办厦门大学演讲词》中直截了当地指出：“今日国势危如累卵，所赖以维持者，惟此方兴之教育与未死之民心耳。”出自民族救亡而诞生的中国现代大学，在她向欧美学习现代大学的办学时，一开始便融入了民族救

① 《复旦大学百年志》编纂委员会：《复旦大学百年志（1905—2005）》，复旦大学出版社2005年版，第9页。

② 《南开大学校史资料选》，南开大学出版社1989年版，第12页。

③ 唐文治：《上海交通大学第三十届毕业典礼训词》，载《茹经堂文集》三编卷一。

亡图存的历史内涵和办学志向，民族振兴的需求与国家最需要的人才，成了中国现代大学初创时学科与专业设置的重要出发点，呈现出中国现代大学鲜明的中国特色。这里，当年的创办者与一校之长的救国思想与办学理念产生了重要作用。

厦门大学创校时期选择的教学体制沿用了近代英国大学学制，但在科系组成与学科设置上却没有完全按英国大学的体制与模式，与民国时期的各大学一样，当时并没有很强的专业观念，而依照时代与国家的急需人才设立科系。厦大建校初期，科系成型时的学科最初形态是文科设 8 个系，理科设 6 个系，工科归理科，其中的教育、工、商、新闻，都是那个危机时代国家急需人才的学科。

1930 年 2 月，在通过国民政府大学院立案后两年，厦门大学遵照国民政府教育部令，将“科”改为学院，设 5 个学院 21 个学系。至此，经过近 10 年的建设，厦门大学具备了较为完备的院系体制，开始以院系这样一种与世界接轨的基本单元建构教学科研体制，开展“研究高深学术，培养专门人才，阐扬世界文化”，厦大的多学科性业已形成。

1929 年，世界经济危机爆发，陈嘉庚公司每况愈下，1934 年 1 月公司被迫收盘。这期间虽然有厦大教职员的半年捐薪活动，有陈嘉庚的“出卖大厦办厦大”惊世壮举，厦门大学的办学经费还是难以为继。在此情况下，厦大及时调整院系结构，以系科合并的方式突围经济上的窘迫，推进学科的艰辛运转。至私立时期的最后几年，全校 5 个学院压缩成文学、理学、法商 3 个学院，21 个系经合并与撤销浓缩为 9 个学系。尽管这种合并是无奈之举，从数字上看办学规模是缩小了，但这次的学科浓缩却无意中为学科的整合、为打破欧美当年系科划分过细的弊端打下了基础。

建校时期厦门大学的院系建设与学科发展，按国民政府大学院调查专家的看法，在全国高校中有“方之他处，有过无不及”[①]的优势。这一时期，林文庆主持制定的《厦门大学校旨》（以下简称《校旨》）明确指出：“本大学之主要目的，在博集东西各国之学术及其精神，以研究一切现象之底蕴与功用，同时并阐发中国固有学艺之美质，使之融会贯通，成为一种最新最完善之文化。”《校旨》从大学文化的建构出发，鲜明地提出厦门大学办学的理念与目标。与这个理念和目标相联系，厦大初期的院系与学科、专业的建设，有如下几个特点：

① 《厦门大学十周年纪念刊》（1931 年 4 月），载《厦门大学校史》第 1 卷，厦门大学出版社 1987 年版，第 94 页。

其一是注重“功用”,“切于实用”,培养国家、民族稀缺人才。《校旨》提出教学“以切于实用,造就应用科学人才为前提”。建校初期,教育学占有举足轻重的位置,原因如《校旨》所言:“我国目下师资及教育专门人才甚为缺乏,故对于教育系特加注意,以期养成良好师资及教育界领袖,因以提高一般教育之程度。”[①]陈嘉庚的信念是“国家之富强,全在乎国民,国民之发展,全在乎教育”[②],他办厦门大学一个重要的担当就是要纠正当年教育的“偏估”与“颓风”,解决中国教育缺乏新知识新思想师资的问题,以免“国粹日稀,精神日减,必至无救药之惨痛”。厦大商学与工学的较早创设与运行,也都体现了这样一种办学理念。这个特点,奠定了厦门大学从国家需要建设专业发展学科的厚重底色。

其二是博集东西精神、阐发中国学艺之美质、“研究高深学术”的学科特色。厦大成立时,《厦门大学组织大纲》明确表明厦大的三大任务之一是研究高深学术。林文庆在《校旨》中具体指出要建设科学研究机关,厦大要“成为我国南部之科学中心点”[③];院系体制形成[illegible]“学院学则”的第一条“宗旨”中都一致性地提出“以培养[illegible]学术为宗旨”[④],这表明厦大建校初期就具备浓厚的学科建[illegible]学东渐、中西文化激烈论争与冲突的情势下,厦大独到地[illegible]学艺之美质”和“首重国文”的主张,这也就形成了厦门大学学科建设中注重本土资源与文化精神的中国特色。文科的国学研究与理科的生物学研究是这方面的范例。1926年创建的国学研究院被认为是“大有北大南移之势”,是当年全国国学研究的中心之一。其影响不仅在于大师云集、研究规划与实际成果,更重要的是厦大国学研究体现了五四时期“重估价值”的精神,它的学科新范畴,研究问题的新方法、新史料和新观点,代表了五四之后国学研究的新趋势。植物系与动物系同样引起全国乃至世界的关注,尤其是结合本土地理优势的海洋生物研究更是锋芒毕露。1923年厦大美籍教授莱德的论文《厦门大学附近之文昌鱼渔业》在国际顶尖科学期刊 *Science* 上发表,成为中国高校最早在 *Science* 上发表的研究成果之一,引起国际学术界瞩目。鉴于海洋生物学科的成果,中央研究院及太平洋科学学会,特别委托厦门大学建立海洋生物研究室。与此同时,

---

① 《厦门大学校史》第1卷,第26页。

② 陈嘉庚:《筹办厦门大学演讲词》,载《新国民日报》1920年11月30日。

③ 《林文庆校长报告》,载《厦门大学民国十年度报告书》,1922年。

④ 《厦门大学一览》(1935—1938年度),载《厦大校史资料》第1辑,厦门大学出版社1987年版,第66页。

厦大的动植物标本的数量与丰富多样在全国领先。

其三是开放性的院系学科构成与人才培养学制。在中国高等教育滥觞时期，中国的大学虽然学的是西方体制，但中国文化原本就缺乏精确细致的分类，对事物不那么条分缕析，而且大学刚刚兴起，很多学科、专业更是因国家需要而设置而存在，大学的一切都在尝试与践行当中，这也就带来了中国现代大学院系学科设置上的开放性。厦大私立时期四次较大的院系变动与学科设置，就可以清楚地看到这个现象。院系设置与专业、学科结构的不断变动，实际上对打破学科体制的僵化是有驱动力的，它为以后厦大百年发展中院系所面临的不断调整、不断改革奠定基础。

在人才培养上，厦门大学“虽为厦门大学，实为世界之大学”①，一开始就招收大量的东南亚华侨子女和朝鲜国学生，颇具开放性。这所地处东南沿海一隅的大学却坚持要“使本校之学生虽足不出国外，而其所受之教育，能与世界各大学相颉颃”②，除不惜重金聘任国内外特别是世界名牌大学经历的名师学者外，在教学体制上，厦门大学沿用英国近代大学学制，本科修业 4 年，以修满 150 学分（绩点）并通过毕业论文及有关实验为毕业，各院各系实行课程交叉的修课计划，注重了知识结构的多元化。打破课程的专业界限，这样一种强调博集东西学术，打通院系界限学科界限的修学制度，实际上更吻合现代大学的人才培养规律。

厦门大学建校初期 16 年间，其“切于实用”的人才培养方针，“研究高深学术”的学科特色，院系学科结构与教学体制的开放性，不仅是时代的产物，也是百年厦门大学的宝贵珍藏，在百年厦大的院系建设发展中体现了一所名校的潜在发展实力，不仅为厦大创建“世界之大学”目标打下了坚实的基础，而且在学科的发展上为一流学科的发展奠定了先天优势。

二

1937 年 7 月 1 日，私立厦门大学正式改为国立厦门大学。7 月 6 日，国民政府行政院任命清华大学萨本栋教授出任厦门大学校长。7 月 7 日，抗战全面爆发。12 月，日寇兵临厦门，厦门大学内迁山城长汀，坚持在烽火硝烟中办

---

① 《林文庆先生在中华俱乐部之演说词》，载《南洋商报》1925 年 2 月 2 日。

② 《林文庆校长报告》，载《厦门大学民国十年度报告书》，1922 年。

学,“单独担负铁路线(粤汉铁路)以东国立最高学府的全付责任”[①],成为加尔各答以东最逼近战场的学府,肩起中国高等教育的东南半壁江山。由此开始到1949年新中国成立,这是厦门大学的国立时期。

抗战时期,在极其艰难困苦的条件下,萨本栋校长抱着“在艰危中”“不负嘉庚先生毁家兴学及政府将厦大收归国立之至意”的意志[②],以自己的未雨绸缪和身体力行,推进拓展厦门大学的院系与学科建设,赢得了战争中“国魂所托的事业”[③]的重大发展。

作为坚守在战区的最高国立学府,在战争中自觉担负起为战后的祖国建设培养与储备人才的使命,这成了厦大院系与学科建设的出发点与目的地。萨本栋说:“吾人应知此次战争,关系数千年固有文化之持续,将来永固国基之奠定者至巨。”[④]置身残酷的战争中,厦大想的是战后建设所需的大量“永固国基”的人才。据当年的新闻媒体报道,厦大筹备设立水产研究室,是为了“战后东南沿海水产研究之总枢”[⑤];增设外国文学系与法律系司法组,“以应目前全面反攻及将来建国之需要”[⑥]。

这种穿透硝烟的未雨绸缪,更体现在厦门大学工科院系的创设与发展上。厦大工科开始于1922年,在1930年科改系后,工科已悄然消失。萨本栋来自清华大学,自己又是著名的电机专家,他对工科建设既熟悉又有主见,从战后建国的急需出发,工科人才显然要比其他学科人才需求更迫切、需求量更大,萨本栋决定补齐厦大学科上的工科短板。

1938年7月,厦大创设土木工程系,到1941年秋季,萨本栋校长就很自豪地说:“现在土木系设备,固尚未达到我们理想的境地,但教师则已充实到可以与国内任何大学相颉颃。”[⑦]这个科系,为战后中国大规模的基础设施建设培养了大批人才。1940年秋季,在土木工程大力扩展的同时,萨本栋又创设机电工程系。机电工程系创立后,理学院扩充为理工学院。1944年4月,创建航空工程系,厦大成为全国最早开办航空专业本科教育的少数高校之一,培

---

① 《萨本栋开学词》,载《厦大通讯》第3卷第10期,1941年10月25日。

② 萨本栋:《勖勉同学词》,载《唯力》旬刊第3期,1938年4月3日。

③ 萨本栋:《勖勉同学词》,载《唯力》旬刊第3期,1938年4月3日。

④ 萨本栋:《“七七”二周年纪念与节约运动》,载《唯力》第2卷第7/8期合刊,1938年7月7日。

⑤ 《母校设立水产研究室》,载《厦大通讯》第6卷第1期,1944年3月31日,

⑥ 《厦大增设外语、司法等系组》,载南平《东南日报》1945年8月4日。

⑦ 《萨本栋开学词》,载《厦大通讯》第3卷第10期,1941年10月5日。

养出像中国工程院院士张启先这样一批优秀的中国早期航天航空专家。

1945年12月厦大复员厦门，汪德耀已接掌厦大。这期间院系与科建设的最大事件是1946年夏季海洋学系与中国海洋研究所的创办。海洋学科创立于天时地利人和之中：抗战胜利后海洋与海权重要性凸显，复员厦门后的东南沿海地理环境优势，校主陈嘉庚“力挽海权，培育专才”的誓言与著名海洋学家唐世凤博士的加盟，共同促成了中国第一个海洋学系诞生，同时，厦大与中英文教育基金会合办的中国第一个海洋研究所也在厦大成立，厦大的海洋观测站也获准设立。由此，厦门大学在全国率先开始了“谋中国海洋科学事业之发展”“研究与教育并重”的造就培养海洋人才的行动。

国立时期文科的发展以复办法学为主要标志。厦大的法学，最早创立于1926年6月，1937年改归国立后，法律系奉命撤销，法学学科停办。到1940年，由于国民政府教育部不同意建立福建大学，并将已经开学的福建大学法学院并入厦门大学，这样，战火中的厦大法学学科就在接收福建大学法学院的契机中复办起来。

在人才培养理念与培养模式上，萨本栋取的是美国芝加哥大学的通识教育思想和从清华带过来的通识教育理念，遵循梅贻琦的“通识为本，专识为末”[①]教育思想制定校制、设置课程，实行强化通识基础与打通学科界限的修学制度，实施教授全力上课制度。他要求即使在战争中，也要坚持“未到‘最后一课’的时候，应加紧研究学术与培养技能”[②]，他提出，“现在不是个推诿责任的时代”，“需一身肩负二人之重任，一日急二日之操作”[③]，以不辜负陈嘉庚先生的期待，不辜负国家事业所托。比如新成立的机电工程系系主任李家炘教授，据统计最高一学期每周上课达81课时，每周最高达1725人时。这时期的厦大学生则“把战区当课堂，把笔杆当枪杆”，越是艰难越是坚韧学习。在1940年与1941年国民政府教育部举行的两次专科以上学生学业竞赛中，获奖总数与获奖系数的比例评定，均名列全国第一。

从抗战全面爆发到复员厦门，在极其艰危的战争环境与艰苦的复员中，厦门大学的院系建设不仅没有停顿，而且还得以有力扩充，院系规模与学科发展都有历史性的突破，多科性大学已然向综合性大学迈进，也因此开始确立厦门

---

① 梅贻琦：《大学一解》，载《清华学报》第13卷第1期，1941年4月。

② 萨本栋：《勖勉同学词》，载《唯力》旬刊第3期，1938年4月3日。

③ 萨本栋：《“七七”二周年纪念与节约运动》，载《唯力》第2卷第7/8期合刊，1939年7月7日。

大学位居全国高等教育前列的位置。更重要的是这一时期积淀下来的办学精神，那种由战争烽火淬炼出来的自强、坚韧与艰危中担当重负的使命感，为厦门大学的发展积累了一份极宝贵的精神财富。

三

1949年10月1日，中华人民共和国成立，人民当家做主的时代开始。10月17日，厦门解放，厦门大学迎来了办学史上的新纪元。1949年10月21日，中共厦门市委在厦大建立中共厦门大学支部。不久，在原有基础上设立中共厦门大学党组。1950年5月，中华人民共和国政务院任命著名经济学家、曾任厦门大学法学院院长的王亚南为厦门大学校长。

1952年6月，中共福建省委派15名党的干部到厦大，7月，中共福建省委决定程璐任中共厦大临时党委书记，党在学校的领导得以体现与加强；1953年1月，厦门大学成立校务委员会，标志着学校由"校长负责制"开始向"党委领导下的校长负责制"过渡。这一年，符合条件的科系先后成立党支部。1955年1月召开中共厦门大学第一次代表大会，成立中共厦门大学党委会，之后，各系先后建立系党总支，直到1999年校院二级管理体制改革时，党总支、党支部为厦门大学各科系的最直接领导，保证科系建设与学科发展的正确方向和健康发展。

新中国成立后，在东西方意识形态冷战的背景下，中国大学放弃对西方欧美的学习，而强调向"苏联老大哥"学习。1952年，中央提出高等教育"发展专门学院和专科学校，整顿和加强综合大学"的方针，并学习苏联高校模式，进行大规模的院系调整。从1952年到1955年底，厦门大学在调整中从多学科大学向文理科综合大学转变，被确定为华东四所综合性大学之一。

1952年8月，一年前刚刚由省立并入厦大并改名的厦大农学院奉命与福州大学农学院合并为福建农学院；9月，厦大海洋系一分为三，厦大航海专修科与集美水产商船专科合并成立福建航海专科学校，之后再分别归入大连海运学院与上海海运学院；海洋系理化组并入山东大学，与山东大学海洋学科建立海洋系，发展为山东海洋学院，即后来的青岛海洋大学；为保存厦大发展海洋学科的力量，厦大成立海洋生物研究室，将海洋生物组的骨干教师与标本留在厦大，聘郑重教授为研究室主任。1953年7月，厦大又奉命将工学院的土木、电机、机械3个系及土木专修科调整到浙江大学、南京工学院和华东水利学院，将企业管理并入上海财经学院，法学院归入华东政法学院。1954年7

月，厦大教育系调整到福建师范学院；8月俄语专修科部分师生并入南京大学。

在此调整中，厦门大学文理科也有所壮大。1951年私立福建学院的政治、法律、经济归并到厦大。1952年福州大学财经学院的会计、贸易、财金、统计、企业管理5个系并入厦大财经学院，并增加贸易专修科。1953年，福州大学文理两院的中文、外文、历史、数学、物理化学、生物学6个系也奉命并入厦门大学。1955年，厦大奉命停办统计、会计、财金、贸易4个系，改在经济系之下设政治经济学、统计学、会计学、货币与信贷、贸易5个专业。

从历史现场上看，大规模院系调整是新中国改造旧教育制度、建立新教育体制的战略措施，这是中华人民共和国教育史上一个重要事件。这场调整既为厦大文理科综合大学模式打下基础，也一定程度上削弱了厦大综合性大学的实力，厦大一些经营多年而形成厦大特色的院系、学科被调整出去，充实其他高校乃至成为新学校成立的基础。厦大在为国家做出贡献的同时，也造成基础学科与应用学科的相互分离，综合性大学学科交叉渗透的优势也受到一定的损失。

院系调整后，苏联高等教育的专业制度也随之取代了中国大学的院系体制。新中国成立之前的大学一般只设学科不设专业，学科业务范围要比专业宽阔，但专业有利于针对性培养专门人才，培养目标十分专一。为贯彻专业人才培养目的，厦门大学院级建制最后被正式撤销，实行以系为教学单位，系内设若干专业，形成按专业培养人才的办学模式。到1958年，全校设8个系16个专业，并设16个专门化科目。

这一时期，教育部确定厦门大学发展方向为“面向东南亚华侨，面向海洋”，要求各专业各教研组加强与南洋、台湾、海洋及本地特点有关的各种问题研究。王亚南校长对厦大的综合性大学也提出新的目标定位，他说：“今天我们所在的学校是个综合性大学，不是工业大学、农业大学，而是综合性大学，不同地方是培养目标不同。工农科培养工农业所需技术人才，师范培养教师，综合性大学主要是培养研究人员，科学研究人员。”他对学生说：“你们将来就是要培养成为科学家。”[①]这样的办学方向与文理综合性大学的形成，明确指明科学研究是厦大办学的重要任务，学科建设水平成为办学水平的重要表现。

由此，在那个以专业为主的发展时期，厦门大学依然将研究机构建设与学科建设发展当成院系建设的重要内容。

---

① 王亚南：《怎样做一个大学生》，录自厦门大学校办档案56-11。

王亚南校长抵达厦大后，首先恢复和建立研究机构，成立了经济研究所、化学研究所和南洋研究馆（1963 年升格为教育部部属研究所）、人类博物馆，文科理科各学院普遍成立研究室。这时福建研究院社会科学研究所也奉命归并厦大，充实了厦大文科主要是经济学科的研究实力。

这一时期，经济学科开始成为全国的翘楚学科。从 1946 年王亚南的《中国经济原论》研究被誉为“中国式的《资本论》”开始，厦门大学“以中国人的资格研究政治经济学”的独特学派开始形成。1950 年王亚南执掌厦大后，建立厦大财经学院，创办全国第一个经济研究所，这是当年全国高校最新经济学教学科研建制。院系调整中财经学院被撤销。1958 年 9 月，中国经济问题研究所成立，并创办中国第一家全国性经济学刊物《中国经济问题》。这个时期，经济学各学科研究全面展开，在《资本论》研究、社会主义所有制研究、会计、统计、财政学方面的研究，成绩斐然，为全国瞩目，奠定了经济学迈向一流学科的坚实基础。

化学为厦大理科中最早的学科之一，展示着一流学科的形象。1939 年，傅鹰博士受聘厦门大学并任教务长兼理学院院长，他给厦门大学带来了化学正在从经典的统计热力学深化为理论化学、结构化学的最新发展信息与理论，从而让厦大化学学科及时捕捉到量子化学、量子力学的发展，跟上世界潮流。自此，化学学科的发展呈现云帆济海之势。新中国成立后，催化的研究与应用、海洋化学分析成果显著，电化学研究、物质结构研究、有机物电极、电分析和有机物点解制备也都在学术界崭露头角。1972 年，蔡启瑞教授与唐敖庆、卢嘉锡两教授联袂承担国家重大基础理论研究课题化学模拟生物固氮研究，与国际同步攻关世界理论难题，成果受到国际同行的赞赏。这个时期的厦大化学，已具备国内一流、国际具有重要影响的学科声望。

除此，海洋生物研究，生物系在金定鸭研究及北京鸭与金定鸭的杂交研究，半导体物理、半导体化学、植物生物学以及数学等方面的基础理论研究，都有全国性影响。理科各系与福建省其他单位联办建立的 8 个新的研究所，有效地促进了厦门大学科学研究与地方建设的紧密结合，拓宽了厦门大学科学研究的思路与途径，这也说明了成为文理综合性大学的厦门大学在学科建设上的明显进展。

从 1949 年新中国成立到 1966 年“文化大革命”爆发，厦门大学与全国高校一样，经历过“整风运动”、“教育大革命”和“大跃进”高潮，作为面对两岸对峙炮火中海防前线大学，社会主义的办学方向和党在学校中的领导地位更加明确与坚定，在人才培养与科学研究上探索前进，书写出新中国高等教育的新篇章。1963 年 9 月 12 日，教育部以〔63〕教厅秘字第 178 号文件，将厦门大学定位全国重点大学，“这是国家对厦门大学几十年来办学成就的充分肯定，从教育体制上明确地确立了厦门大学在全国教育事业中的重要地位”①。

1966 年到 1976 年“文化大革命”运动期间，厦门大学与全国高校一样，遭受空前的洗劫。这是中国高等教育发展史上一次挫折和重大教训，经历过这样的风雨，拨乱反正之后，厦门大学的院系与学科建设自有空前的发展。

四

1976 年 10 月 6 日，党中央一举粉碎“四人帮”；1977 年 9 月，全国恢复高考制度，1978 年 2 月，教育部恢复厦门大学为全国重点大学。1981 年 10 月，厦门被国务院确立为中国四个经济特区之一，身处中国经济特区的国家重点大学，厦门大学被历史推向了改革开放的前沿，学校逐渐顺利走向“党委领导下的校长负责制”的领导体制中，院系建设发展进入一个崭新的历史新时期。2000 年之后，按照校院二级管理体制改革，各学院建立学院党委，建立并逐步完善学院党政联席会议制度，厦门大学院系建设得到空前发展。

至 2020 年，改革开放中的厦门大学全校已建有 30 个学院 16 个研究院，展现出门类齐全、学科强劲、专业特色明显、布局合理的整体风貌。依据院系建设与发展的历史，以 1995 年启动“211 工程”为界，整个 42 年的改革开放可分为两个时期：1978 年至 1995 年为恢复与快速发展时期；1995 年之后伴随着国家“211 工程”、“985 工程”、创建“双一流”建设，厦门大学院系建设进入跨越式发展时期。

1978 年春天，当恢复高考制度后的第一届大学生走进厦大时，厦大共设有 10 个系 29 个专业，这些系与专业还只是集中于自然科学与人文社会科学的基础理论学科，基础雄厚，但面对世界新技术革命浪潮的兴起和新时期党与国家工作中心转移到社会主义现代化建设和改革开放上，尤其是经济特区和沿海开放城市、经济开发区的设立，原本的科系已经不能很好地适应新形势的需要，于是，学校大胆突破文理结构框架，调整学科与专业设置，大力充实、改造、复办老专业，增设一批新学科，优先创办一批涉外专业、应用科学和应用技术专业，开展边缘新兴学科研究，迈步向文理渗透、多学科组成的综合性大学

① 厦门大学档案馆、厦门大学校史研究室编：《厦门大学校史》第 2 卷（1949—1991），厦门大学出版社 2006 年版，第 142 页。

方向发展。

其一,以“起点要高,起点要新”的要求,创办一批新专业,集中在涉外、经济管理、新兴交叉学科与新技术专业。到1995年,全校已发展到26个系61个专业,突破长期以来保持的文理财经综合性大学格局,形成了包括智能科学、技术科学、人文科学、社会科学、管理科学、教育科学在内的多学科、结构比较合理、内容比较先进的学科体系。

其二,开始恢复学院建制。专业增多后,科、系不断发展,从管理与学科建设出发,开始逐步恢复学院建制。在20世纪80年代初期,先后成立经济学院、政法学院、全国综合性大学的第一个艺术教育学院、技术科学学院,其中技术科学学院的成立既带有复办工科的动机,更是以为国家培养急需的大量科技人才为目标,着重造就工科与理科相结合、交叉的学科的开创性人才。学院作为学校派出机构,具有一定自主权。

其三,以长远的战略眼光,充实、更新老专业。如20世纪70年代复办海洋系。在1952年的院系调整中,厦大将海洋系一分为三,用建立海洋生物研究室的名义战略性留住了海洋生物学科的骨干师资与教学标本,这使得厦大在1962年前后依然成为我国海洋科学的重要基地之一。海洋系虽然不再存在,厦大理科其他系却增设了海洋物理、海洋化学和海洋生物等新的专业、专门化,各系与华东海洋研究所密切配合,共同进行了26项海洋科学研究,成果引起国外学术界注意,《美国科学界对中国科学的看法》一书也提到厦大海洋科学研究的情况。复办后的海洋系,采取少招本科生、多招研究生、重拳科研、提高质量的策略,开展学科建设,并增设海洋水文气象和海洋地质地貌两个专业,为海洋系成为全国一流学科打下了坚实良好的基础。

1995年,厦门大学进入国家“211工程”行列;2001年,被列入国家“985工程”重点建设高校;2017年,入选国家A类“双一流”建设高校。在中国教育从教育大国走向教育强国的历史进程中,厦门大学的院系发展与学科建设,实现了跨越式发展。

1999年3月,全校深化校内管理体制改革,开始实行校院二级管理,学院建制全面铺开,各学院按照学院办大学的发展趋势,遵循“优化结构、强化内涵、扶优促新、鼓励交叉”的原则推动学科与专业建设,从1995年到2020年,全校共设置30个学院16个研究院,新增52个专业,撤销4个专业,调整18个本科专业,最终设置本科专业99个,涵盖文学、哲学、历史学、法学、经济学、管理学、理学、工学、建筑学、医学、艺术学等11个学科门类,以学科为支撑,打造一批定位明确、管理规范、改革成效突出,师资力量雄厚、培养质量一流的院系与专业群；全校有17个国家级特色专业，2个国家级人才培养模式试验区，2个国家级专业综合改革试点，3个专业入选教育部基础学科拔尖学生培养计划，24个专业13个项目入选教育部卓越人才培养计划。

这个时期，也是厦大研究生教育的大发展时期。1986年9月，国务院批准厦大试办研究生院；1996年3月，厦大正式获准设立研究生院；2018年，厦大成为全国首批20所学位授权自主审核单位之一。至2020年，全校共设有32个博士后流动站，36个一级学科博士学位授权点，45个一级学科硕士授权点。研究生院的建设与发展，推动了厦大研究生教育的空前发展，也更紧密地将厦门大学的学科建设与学院建设融为一体。

学科作为高校实施科研、教学活动和集聚人才的最基本的单元，是学校根本性的基础建设，也是院系建设发展的基础与支撑。这个时期，凭借国家"211工程"、"985工程"建设和创建"双一流"的支持，院系以学科为支撑，以学科建设为重心，凸显了学科建设的基础性与关键性。

其一，以学科建设为支撑为龙头，整合组建符合学科发展和拓展创新学科建设的学院，优化学科布局。如整合厦大早期传播和研究马克思主义与当代马克主义教学研究的资源，成立马克思主义学院，设立"985工程"重点学科"马克思主义理论"、"211工程"三期国家重点学科"中国特色社会主义理论与实践"建设项目，与中共福建省委宣传部合作共建"厦门大学中国特色社会主义理论体系研究与培训基地"，加强学科建设，建设国内高水平的马克思主义理论学术创新基地。如整合全校电子工程、电子科学、微电子与集成电路、电磁声等相关学科，组成电子科学与技术学院，入选国家示范性微电子学院；整合软件学院、物理科学与技术学院、计算机与信息工程学院相关资源成立信息学院；将公共事务管理学院的社会学系与人文学院的人类学系组合成社会与人类学院，更准确对应国际学科范式；而像数学科学学院、国际关系学院、台湾研究院、教育研究院、萨本栋微米纳米科学技术学院，则是应对历史与国家的需求，在学校原本的优势或特色学科基础上建立起来的学院。其中数学与应用数学为国家级一流专业、国家一类特色专业、国家理科数学与应用数学基础科学研究和教学人才培养基地，入选国家基础学科拔尖学生培养试验计划；台湾研究院入选国家高端智库试点建设、培育单位。以教育部人文社科重点研究基地会计发展研究中心和国家重点学科工商管理为依托，整合MBA和EMBA、会计系、工商管理系、管理科学系与旅游管理专业组成管理学院，很快使管理学院成为中国最具竞争力的十大商学院之一。工商管理、会计学、财务管理和电子商务4个专业入选国家一流本科专业建设点，在2017年教育部公布的全国第四轮学科评估中，工商管理一级学科获评A类学科，经济学与商学进入ESI全球前1%行列。

其二，以大学科理念、通过国家人才培养基地和重点学科的依托带动，推进院系与学科的建设发展。1999年校院二级管理体制改革伊始，学校就开始推行大学科的学院建制理念，文、史、哲3个系6个一级学科，以国家文科历史学基础科学研究和教学人才培养基地与国家重点学科中国经济史为带动，组建人文学院，力图打通文史哲，"研究高深学问"和培养人文学科精英人才。以大医科理念，整合生命科学学院、医学院、药学院、公共卫生学院等力量，推进学科交叉融合，构建医、教、研有机融合的医科教育体系。2018年和中国卫生信息与健康医疗大数据学会共同建立医疗健康大数据国家研究院，汇聚理、工、医及社会科学十几个学院的教师与研究团队，通过自主创新和跨学科合作，产生一批国内外领先的具有良好产业转化价值的一流研究成果，凸显大学科整体的优势。

在大学科建设与学科协同创新中，由厦门大学牵头，与复旦大学、中国社会科学院台湾研究所、福建师范大学共同建设的国家协同创新中心"两岸关系和平发展协同创新中心"，由厦门大学、复旦大学、中国科学技术大学和中科院大连化物所为核心层，组建的国家级协同创新中心"能源材料化学协同创新中心"，都体现出大学科、跨学科与跨越部门、学校的创新优势。2018年12月，国家自然科学基金委依托厦门大学建设"国家天元数学东南中心"，该中心由数学科学学院牵头，联合5个省14所高校为共建单位，更是以大学科、大组合、大跨越的组织形态呈现出构建一流核心竞争力的重要举措。

其三，发挥优势，打造国内领先、国际一流的高峰学科，是这一时期厦大院系建设与发展水平最基本也是最重要的成果之一。目前厦门大学有理论经济学、应用经济学、工商管理、化学、海洋科学5个国家一级重点学科，另有25个国家二级重点学科，分布在经济、管理、化学化工、数理、海洋与地球、生态与环境、法学、高等教育、生命科学、人文等学院。另有化学、工程学、农学、社会科学、计算机科学、分子生物学与遗传学、微生物学、药物理与毒理学、地学、物理学、经济学与商学等18个学科在ESI全球排名前1%；17个学科在QS世界大学学科排行榜上有名，上榜数居中国大陆高校第12位；37个学科登上软科世界一流学科排行榜，上榜数居中国大陆高校第8位。2017年，化学、海洋科学、生物学、生态学、统计学入选国家"双一流"建设行列。

当我们对厦大100年的院系发展做出梳理后，我们会发现，厦大百年院系的历史脚步，实际上是伴随着100年来中华民族伟大复兴的风云变幻与中国高等教育的命运嬗变而砥砺行走的，它走的是一条从小到大、从少到多、从大到强的历史发展脉络，一条是院系建设与学科发展紧密融合的道路，一条是国际竞争力和整体实力不断提升的道路。百年院系不断调整不断演化的进程，也就是百年学科不断变革不断创新的历程，这里有成功的喜悦，也有挫折的教训，有起伏的艰辛，也有前进的欢笑，但无论在什么时候、在什么样的空间里，都向着校主陈嘉庚先生提出的“世界之大学”目标前行，都沿着“与世界各大学相颉颃”的意志行进，都朝着“中国特色，世界一流”的憧憬踔厉奋进。

五

“厦门大学百年院系史”系列的编撰出版，是各院系向厦门大学百年华诞献上的一份礼物，她以100年来各个学院、研究院的学科发展、专业建设、院系在时代中变动的脚步为主要内容，呈现不同历史时期南方之强的个性与风采。目的在于总结经验，传承命脉，弘扬自强不息、止于至善精神，激励“双一流”建设，为厦门大学与中国高等教育留下一份珍贵的历史叙述。全校共有35个院系、研究院及厦大出版社参加了这个规模空前的编写工程。每部院系史主要包含以下内容：

一、历史的脚步。这是全书最主要的叙述，它通过对院系的历史梳理，描述出在各个历史时期的发展脉络与特征，客观呈现各学院发展进程中的主要事件，重点叙述以学科建设、人才培养为重心的发展变化、主要特点和成就，以及行政管理、社会服务上的变更发展。

二、党政管理。叙述院系党的建设情况，行政机构的变更，历任党、政领导等。

三、学科发展。叙述院系学科建设发展的轨迹与特色、地位与成绩，包括博士授权点、硕士授权点介绍及其人才培养特色，研究基地、研究所、中心介绍及其工作特色，重点实验室介绍及其工作成就，对外交流成果等。

四、教学成果。阐述院系在人才培养与教学教育中的发展嬗变，包括专业设置、课程体系、精品课程与教改项目、教学成果奖、特色专业与创新试验区、教学团队、教材建设、人才培养基地、创新创业教育等内容。

五、学术成就。配合学科建设的发展，叙述学术上的做法与成就，包括获奖学术成果、主要著作与论文、主要研究课题。

六、附录：院系大事记。

这是一项具有长远意义且严肃的工作，学校要求各院系在编撰中坚持正确的政治导向，突出与中国共产党同龄的厦门大学教育救国、教育兴国、教育强国的历史步点；重点叙述与提炼各学科、各专业及人才培养的发展与成就，彰显学术大师和著名校友的贡献；历史须客观叙述，要求准确无误有根有据，尽可能追根溯源，填补漏缺，还原历史，强调学术传承。但历史的写作须经千锤百炼，百年院系历史的叙述需要长期的淬炼，今天打开的这个脚步，难免深浅不一，难免有疏漏之处，还有许多需要打磨甚至勘正的地方，还请各位读者批评指正。

全校的百年院系史系列编撰工作在2019年的春天启动，历时两年的时间，在厦门大学百年华诞到来之际，终于与厦大人、与各方读者见面了。当各院系的撰写者在各自的历史隧道中搜寻攫微、考辨记载而写出自己的院系历史的时候，实际上是在对一个学科、一个院系的过去与今天的研究梳理，也是与明天的一个重要联系与启示。相信经过这次院系史的研究编写，各学院各学科将会以史为鉴，以更宏伟的规划更准确的定位更实在的工作，在党的坚强领导下，向着“中国特色，世界一流”的建设方向，奋力推进厦门大学院系建设与学科发展。

2021年3月12日

目录

content

第一部分 历史的脚步

第二部分 行政管理

第三部分 师资队伍

第七部分
社会服务

附
社会与人类学院教授简介

第一部分 历史的脚步

厦门大学社会与人类学院是厦门大学最新成立的学院。历史新开，但是构成该院的历史基础、基本因素却有着长久的历史，并且成长积淀为稳固的传统。1921年建校之初就设立了社会学本科专业，并成立了历史社会学系，是国内最早的社会学系之一，顾颉刚、容肇祖、史禄国等学者都曾在厦门大学任教。1931年，著名人类学家、社会学家林惠祥任历史社会学系主任，自此社会学和人类学得到长足发展。1951年，当时的中央高等教育部批准厦门大学建立了中国高校第一个、也是至今唯一的人类博物馆。1981年，在厦门大学成立了中国人类学学会。1984年，厦门大学人类学研究所和人类学系相继成立，厦门大学自此成为国内人类学研究的重镇。1993年，厦门大学在哲学系设立社会工作专业，2000年正式在人文学院设立社会学系。2018年11月28日，厦门大学整合相关学科资源，以原隶属于厦门大学公共事务学院的社会学与社会工作系、原隶属于公共政策研究院的人口研究所和隶属于人文学院的人类学与民族学系为基础，批准成立厦门大学社会与人类学院。2019年3月23日，厦门大学社会与人类学院正式揭牌。

厦门大学社会与人类学院的根须起于厦门大学创校之初，而学院的成立却晚成于今，与厦门大学始终相随。社会与人类学院的历史，首先是学科发展的历史，是社会学与人类学学科发展的历史。然而，两个学科有着共同的历史时期，在发展早期水乳交融，而后又在相当长的一个时期，各自作为独立的社会科学，在厦门大学的发展走出不同的路径，显现了不同的历史特征和学科发展的历史。最终，基于两个学科的特点、学科建设和资源整合的需要，分别从原所在单位分离出来并走到一起，共同组建厦门大学社会与人类学院。并且，在客观的历史进程中，社会学、人类学都是发端于西方文明的社会科学，它们在中国的引入传播和发展，是近代以来“西学东渐”、中国人救亡图存、追求民族复兴的历史实践的一部分。

整体上看，可以把厦门大学社会学与人类学发展的历史分为五个阶段：(1)草创阶段(1920—1940年代)；(2)停滞阶段(1950—1970年代)；(3)重建阶段(1980—1990年代)；(4)建制阶段(2000年—2018年)；(5)整合阶段(2018年—　)。每一个历史阶段，学科的存在和发展因外在的历史社会条件和内在的学科自我运作而呈现不同的色彩和面貌。

一、草创阶段(1920—1940年代)

厦门大学在1921年创办之后，旋即按照陈嘉庚先生的教育理想，将历史学、社会学和人类学等社会人文学科作为大学发展的高深学问，进而不断培植和奠定这些高深学问在厦门大学成长的土壤、发展的基础。

1921年建校之初，厦门大学就设立了社会学本科专业。1922年，美国哥伦比亚大学的社会学博士徐声金，美国汉诺威大学的社会学学士林幽应聘于厦门大学，并在厦门大学先后开设社会学课程。1924年6月设历史社会学系，是国内最早的社会学系之一。历史社会学系成立后，招收到了第一届本科生林惠祥，播下了社会学的第一颗种子。林惠祥于1926年毕业于社会学系，他也是厦门大学第一个文科毕业生。他后来继续追随人类学，并开创和奠定了厦门大学社会学与人类学学科传统。顾颉刚、容肇祖等学者也都曾在厦门大学任教。

图1　林惠祥先生

1926年10月，厦门大学成立了国学研究院，聚集了一批学术名家。徐声金、史禄国、林语堂、沈兼士、鲁迅、顾颉刚等人都在厦门大学任教。其中设有徐声金讲授的“社会起源和社会学原理”、史禄国讲授的“人类学”及林幽主讲的“社会学大意”“家庭社会研究和乡村社会学”“社会调查(礼俗方言)组”“闽南文化研究组”等。国学研究院就有关苗族、瑶族的生活状况等资料由周刊社发布启事征

厦門大學

本科畢業證書

學生林惠祥係福建省晋江縣人現年二十七歲在本校文科社會學系修業期滿考查成績及格准予畢業依大學令第十條稱文科學士此證

私立厦門大學校長

文科主任

中華民國十五年六月二十二日

图 2　厦门大学颁发的林惠祥先生毕业证书(林惠祥先生是厦门大学第一届文科生第一号毕业证书持有人)

集,研究院还征求福建的汉族、回族等各民族的家谱。俄国人类学家史禄国也在1926年来到厦门大学任教,应聘担任厦门大学历史社会学系人类学教授,每周讲授人类学课程,并承担"福建人种考""福建孩童长成测量""东胡语言比较字典"等国学研究院课题研究。史禄国在厦门大学讲授人类学,不仅开启了他与中国大学和学术机构的合作与交流,而且也揭开了厦门大学专业性的人类学教研序幕。

在历史社会学系就学的林惠祥知道社会学之外还有人类学,听从老师建议,1926年本科毕业后,于1927—1928年在菲律宾大学研究院师从著名的美国人类学家拜耶教授研习人类学,只用一年的修学即于1928年获得人类学硕士学位,毕业后回国。作为厦门大学人类学创始人的林惠祥先生,从菲律宾学成归国后,即在中国最高的学术平台上开始了他的人类学学术生涯。

1927年年底,中央研究院筹备设立时,社会科学研究所为分设机关之一。1928年3月,中央研究院社会科学研究所正式成立,成为中国当时最重要的民族学研究机构。研究所内分四组,其中一组就是民族学组,组长由蔡元培兼任。林惠祥于1928年在菲律宾大学毕业获得人类学硕士学位后即返回中国,旋即被聘为中央研究院民族学组助理员。1929年年底,林惠祥被改聘为民族学组专任研究员。

1930 年 2 月，根据当时教育部颁发的大学组织法及大学规程，厦门大学改各科为学院，分设文、理、法、商业、教育五个学院。历史社会学系分为历史系和社会学系，均隶属文学院，学生在第二学年注册前，就其志愿性质所近认定一系为主系，修满 141 学分，始得毕业。

厦门大学历史社会学系（社会组）课程纲要中列有“社会基础”“社会变迁”“社会起源”“社会进化”“人类起源”“民俗学”等与民族学（或称文化人类学）有关的课程。由于社会学系开设的课程许多都是由国外引进的，甚至多使用国外原版教材，距离中国实际太远、也影响学科的发展传播。为了符合本校学生要求、适合中国实际情况，历史社会学系社会学科使用自编教材，1928—1929 年度，就在“社会学原理”“社会起源”“社会进化”“社会调查”“家庭研究”等有关民族学的课程教学中，都使用历史社会学系教授自编的教学大纲，并制定参考书。与此同时，民族学田野调查和实地研究蓬勃开展。蔡元培主持中央研究院社会科学研究所民族学科，把实地调查搜集资料放在非常重要的位置。任助理研究员的林惠祥受蔡元培之派遣，于 1929 年年初前往台湾进行高山族的调查。因为当时台湾被日本割据，大陆学者进行学术考察难以进行，林惠祥化名林石仁，假托为商人。调查遇到了许多困难，除道路艰难、交通不便外，还有日本警察盯梢怀疑。在台湾调查两个月后，同年 10 月回到上海，立即将调查资料整理成《台湾番族之原始文化》一书，1930 年作为中央研究院社会科学研究所专刊第二号，由商务印书馆出版（中央研究院社会科学研究所：《国立中央研究院社会科学研究所十八年度总报告》，中央研究院印，1930 年）。

1931 年秋，林惠祥应母校之聘，从中央研究院返回厦门大学历史社会学系担任人类学、社会学教授，开创了厦门大学人类学的教学与科研工作，同时仍兼任中央研究院特约研究员一年，完成了《猡猓标本图说》一书的编述和出版。回到厦门大学工作后，鉴于当时中国人类学刚刚起步，资料十分缺乏，为了教学的需要，林惠祥废寝忘食，苦干了五六年，先后在商务印书馆出版了《民俗学》（1931 年）、《世界人种志》（1932 年）、《神话论》（1933 年）、《文化人类学》（1934 年）、《中国民族史》（1936 年）等著作。其中《文化人类学》1934 年由商务印书馆出版，被该馆列为大学丛书，曾被多所大学采用为课本。林惠祥在书中将文化人类学分为物质文化、社会组织、宗教、艺术、语言文字五部分，以包容文化人类学的各种材料，又以人类学总论作为导言，并加了文化人类学略史一篇，以说明各种重要原则及学派。《中国民族史》一书，是当时同类书中最详者，且有诸多创见。这一系列人类学著作的出版，奠定了林惠祥在中国人类学学科史上开创者和奠基者的重要地位。

从 1931 年到 1937 年，林惠祥先生在厦门大学系统地组织了人类学教研工作，并培养了包括梁钊韬、庄为玑等一批人类学人才。

林惠祥积极参与了当时中国学界所进行有关学科理论的探索与讨论。在人类学学科研究对象问题上，林惠祥认为："人类学是用历史的眼光研究人类及其文化之科学……换言之，人类学便是一部'人类自然史'。"他提出："人类学原是有历史性质的，人类学所要考出的原是人类历史上的事实，多用的方法也是历史的方法。"他在说明社会学与人类学的密切关系之后，着重对人类学与社会学之间的差异之点加以分析。他指出，人类学的性质是历史的，社会学则为理论的；社会学详究社会的生活，人类学研究的面则宽得多；社会学常就现代社会而论，人类学研究多关于史前社会及原始社会。

20 世纪前半期中国民族学界影响最大的是将进化学派和其他学派的理论与方法组合以后形成的"中国历史学派"。该学派不仅仅是以"历史的方法"对各民族的具体材料进行描述和整理，而且注重引用和研究中国历史文献资料，强调运用民族学的各种理论和方法解释中国的材料，解决中华民族文化历史的难题。中国历史学派的主要代表人物以进化论作为主要的理论观点，对法国民族学派收集资料的方法有较多的利用，吸纳了美国文化历史学派的研究框架和步骤。他们看重历史学，把民族学与历史学联系在一起，甚至视民族学为历史学的一部分。作为中国历史学派重要代表人物，林惠祥著有《中国民族史》。

抗日战争爆发之前，中国民族学大致有三个区域，即华东地区、华南地区和北方地区。林惠祥是华南地区重要的学者。以林惠祥等学者为代表的中国历史学派在华南地区的民族学研究的特色是：这里的民族学研究是和民族学、体质人类学、考古学、语言学、历史学同时进行的，既研究各民族的文化特点和行为模式，又研究各自的体质特点，并特别注意考古、文献资料的运用。学科之间相互影响。在民族学实地调查的对象上侧重于华南地区的少数民族和部分汉族中的特殊文化群体。虽然受国外民族学学派的影响较多，但不拘泥于其中某一学派的理论，试图以中国的史学传统与西方的民族学理论嫁接，主张对学派的综合和借鉴利用各种其他学派的方法。这一特色具有深远的影响，并赋予了 20 世纪 80 年代重建复兴的华南人类学以特征。

1930 年，厦门大学文科改为文学院，社会学系与历史学系分开。1934 年，两系又再次合并，称历史社会学系，内分两组。1937 年厦门大学改为国立后，取消社会学系。著名学者徐声金、林惠祥曾先后任系主任。担任社会学、人类学课程讲授的有徐声金、史禄国(1939 年病逝于北京)、林惠祥、张镜予(睿)、李式金、林幽等。林惠祥用各国有关材料编译成《文化人类学》一书，作为大学教材，1934 年由商务印书馆出版。林惠祥在厦门大学曾经多次对学生进行关于民族问题的演讲，题目有“史前人类及其文化”“文化与环境”“错认雷公当祖宗”等。

厦门大学人类学博物馆的筹办是此一阶段厦门大学人类学机构发展的一个重要内容。与民族学专业建设有关的民族文物或民族学、人类学器物和标本的搜集、整理，在民族学的发展史中始终占有重要的位置。厦门大学是在建设中国民族学人类学博物馆方面贡献最大的单位之一，其最主要的领导者就是林惠祥。早年，厦门大学国学研究院曾经搜集多种文物，存于生物学院古物陈列室。国学研究院停办以后，各种古物划归文科管理。1930 年，厦门大学曾委托中央研究院社会科学研究所派往台湾考察高山族文化的特派员林惠祥代采高山族文物数十种，之后在南洋及国内陆续搜集人类学及民间风俗品多种。

1933 年秋，古物陈列室改名为文化陈列所，英译名则为民族学博物馆(Ethnological Museum)，由郑德坤教授负责。藏品中的第二部为人类学部，内分“台湾番族”的文物标本、其他(南洋、西藏)和民俗三部，除残品外共有 276 件。

1933 年，林惠祥在厦门大学西边顶澳仔自建一房屋，留前厅为人类学标本陈列室，供厦门大学历史社会学系之用，并欢迎中小学师生参观。

1934 年，林惠祥和新加坡督学陈育崧发起筹办厦门人类学陈列所，供厦门大学历史社会系特别应用，并提供其他院系参考。当时有武器、服饰、艺术品、宗教品、器具、舟车模型、住所模型、史前遗物和图表九类，除图表外有标本 214 种 300 余件。

1935 年，该陈列所扩充为私立厦门人类博物馆筹备处，成为现在厦门大学人类博物馆的雏形。

1936 年 6 月，该馆曾与厦门大学文化陈列所合作为厦门大学历史学会举办展览会。

1937 年 7 月，日本发动全面侵华战争。抗战时期，厦门大学迁到闽西长汀。从 1937 年到 1945 年，林惠祥避难南洋新加坡，可以带走的文物标本随身转移，在新加坡继续从事人类学研究。在南洋期间仍多方搜集文物。太平洋战争爆发后，他冒着生命危险，保护所收藏的人类学标本。

1947 年 11 月，林惠祥重回厦门大学主办人类学标本展览会，展品包括史前遗物、历史时代古物和民族学标本。回到厦门大学后，林惠祥继续担任人类学教授，并进行厦门大学人类学系、人类学研究所、人类博物馆的筹备工作。

1948 年，林惠祥和庄为玑等厦门大学历史系师生在南安县发现诸多史前遗物和历史文物，有石锛、古砖、陶片、石刻、石雕等。这些考古发现，最终入藏人类博物馆。正是由于林惠祥等人对人类学博物馆建设的贡献，如今在厦门大学才得以保留下一所国内高校最大规模的人类学博物馆。

图 3　林惠祥先生在办公室工作

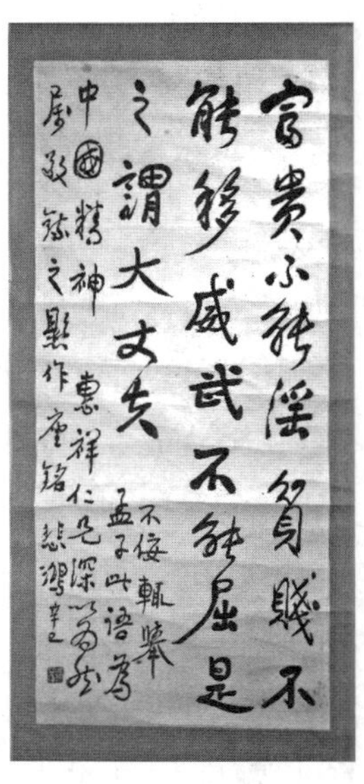

图 4　徐悲鸿先生赠送林惠祥先生的大字

在中国人类学、民族学、社会学的发展过程中，如何将西方移植过来的理论与方法运用于中国的社会与文化的实际研究，并在研究实践中探索中国社会学人类学发展的道路，始终是学科发展的一个中心问题。综合是中国学者有特点的思维方式，中国传统文化强调中庸、持中，不赞成偏激的态度，注意对传统内容的保持。但是同时又具有相当大的宽容性，能够将各种外来文化的内容包容在中国固有的文化体系之中。中国历史学派的部分学者就具有比较明显的综合取向。

林惠祥在1931年的著文中指出，社会进化论、传播论、循环论都不可以，但也都可以。“因为三说都各有其好处和坏处，而其性质表面上虽似乎相排斥，其实却不相妨碍。我们可以取进化、传播和循环合为一炉，融合一处，而不见穿凿的痕迹。这融合而成的新说，或者可以称为‘新进化论’，因为进化的事实较多”。一方面，他倾向于进化论，同时，他又用传播理论和历史学派的观点，对西方民族学的古典进化论提出批评。他认为旧进化论的错处在于太绝对、太谨严，应当改变旧进化论偏重独立发明的态度，因为进化的历程是各民族的独立发明和相互的传播。他对于历史学派也作了分析，认为这个学派提出了一种研究人类社会的方法，但不曾提出建设性的假说。将各种西方学术思想进行综合的一些想法和做法，尽管有许多不完善之处，但对以后的中国人类学民族学发展中更多特色的形成产生了很大的影响，成为人类学中国化主张的一个方面。

在学术上兼容各种观点，尤其是进化论的学术思想在中国人类学民族学界有一席之地，对于日后的中国大陆的人类学工作者接受马克思主义观点，以新的观点和方法研究中国的民族学人类学问题，均有直接的影响。林惠祥的论著《从猿到人——劳动创造世界》即是在中华人民共和国成立后不久发表的。

在学术调查研究的同时，许多人类学家也致力于对广大民众和青年学生介绍现实存在的民族问题的严重性，介绍国内各族及其文化，唤起人们对民族问题的注意。1930年5月，林惠祥被推举为中央研究院社会科学研究所的演讲员，参加在中央广播电台的轮流演讲。1930年6月12日，林惠祥作了“台湾番族调查报告之撮要”的演讲。林惠祥在厦门大学中曾经多次对学生进行关于民族问题的演讲，题目有“史前人类及其文化”“文化与环境”“错认雷公当祖宗”等。

抗日战争胜利后，为了重振中国人类学，成立于1936年的中国民族学会西南分会，战后将该分会设于中山大学人类学部，以研究民族学、人类学及其他有关科学为宗旨。1948年5月，该会在中山大学历史研究所人类学组举行了1947年度(即第一次)年会，参加会议的学者三十多人，会议选举林惠祥等15人为理事，林惠祥当选为南京总会监事。会议决议在当年暑期组织台湾文化考察团，并出版年会专刊。

这一时期的厦门大学社会学人类学发展的主要特点是，由于受过西式大学人类学、社会学教育的学者纷纷在国内大学及研究机构设置社会学等专业，并开设人类学课程。以当时厦门大学的历史社会学系、国学院等学术机构为基础，也展开各种人类学研究工作。而东南地区又以其保存完整的宗族组织和不同族群所体现的丰富的文化多样性，成为众多学者眼中理想的研究区域。具有浓厚实证主义色彩的西方人类学学科，与中国特色的考据学传统在此汇合，形成田野实证与文献考究相结合的别具一格的厦门大学人类学研究风格。但因此一时期，中国整体社会学科仍处草创阶段，学科设置与人才培养也不甚健全，更严重的是日本侵华时期，厦门大学的人类学发展一度中断，学者辗转海外，学术研究受到较大影响。但是，这一时期奠定了厦门大学人类学社会学研究的主要议题，并留下了许多意义深远的人类学著作。

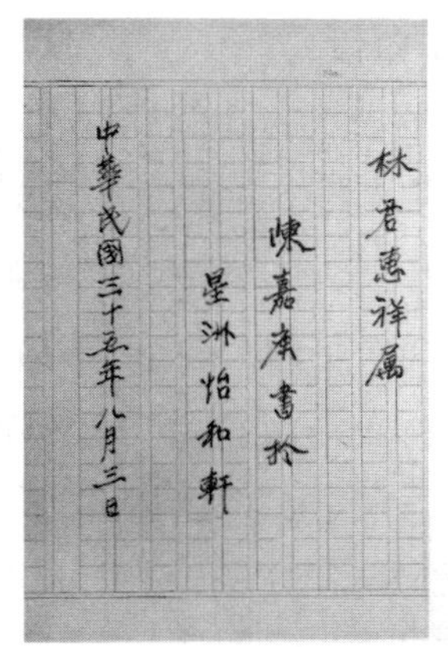

林君惠祥屬
陳嘉庚書於
星洲怡和軒
中華民國三十五年八月三日

爪哇避匿已兩年
潛踪難守長秘密
何時不幸被俘擄
抵死無顏謁事敵
回檢平生公與私
尚無罪迹污清白
冥冥吉凶如有定
付之天命懼奚益
右避難爪哇時
述志詩一首

图5　1946年8月陈嘉庚先生钢笔书赠林惠祥先生的《述志诗》共四张稿纸，这是其中两张

二、停滞阶段（1950—1970年代）

第二次世界大战以后，西方殖民主义体系不断崩溃，资本主义进入战后发展阶段，非西方民族争取独立自由和解放。世界逐渐形成资本主义体系与社会主义体系两大阵营的冷战格局，政治意识形态的冷战交争塑造和影响着世界各国历史的演进。受此大历史背景的影响，中国人类学社会学在20世纪后半期的发展过程中，经历了国内历次政治运动的冲击和影响，也在政治思潮的跌宕起伏中

匍匐、前行。

受限于世界冷战格局和世界不同意识形态阵营交争塑造的桎梏，社会学在中国学术教育领地无法正常发展。1949年，厦门刚刚解放之后，还在历史系主持系务工作的林惠祥立即向解放军军代表呈交并恳转呈教育部关于《厦门大学应设立“人类学系”、“人类学研究所”及“人类博物馆”的建议书》。

1950年后，国家对高校进行院系调整。人类学民族学机构被取消，学科专业从业人员转入有着中国本土学术根基与传统的历史学。同时，相关的学术研究强调坚持在马克思主义的指导下发展中国的人类学民族学和社会学之研究。中国共产党在延安形成的民族研究传统对20世纪后半期民族学的发展也产生着十分重要的作用。

1950年以后中国人类学民族学发展的历史分为三个阶段、五个时期。这三个大的阶段是“文化大革命”以前、“文化大革命”时期和“文化大革命”以后；五个时期则将前后两个阶段各分为两个时期，中间的一个阶段是一个时期。也就是说，1950年年初至1957年“反右派斗争”开始之前，是民族学人类学在中国得到恢复与发展的时期；1957年“反右派斗争”开展以后到1966年的“文化大革命”开始之前，是民族学人类学艰难发展时期；1966年“文化大革命”开始到1978年中国共产党十一届三中全会召开，是人类学民族学学术发展遭受严重挫折的时期；1978年之后到1992年邓小平南方谈话之后改革开放方略的确定，中国人类学民族学在走向开放和学术转型的过程中走向新的发展时代。

中华人民共和国成立之后，祖国大陆的人类学民族学者以极大的热情投入了解放初期的各项工作，以使自己的学识可以为国家和人民服务。而随着政治上的转变，中国大陆的人类学民族学经历了从思想改造到行政归属的变化。在此过程中，苏联模式的民族学逐渐代替了过去以欧美学术传统影响为主的人类学。1952年大陆高校院系调整，从系、科建制上取消了所有的人类学系。院系调整后，一些民族学家转到民族学教学、研究力量相对较弱的其他院校工作，担负起其他工作，虽然其中许多人还参加了少数民族社会历史调查工作，但基本上更多地偏重于民族史学或其他学科研究，逐渐退到民族学学科的边缘地带，有少数人甚至离开了民族学。因为民族学人类学被认为是属于历史科学中的一门学科，在原始社会史等方面又可以为总结历史发展规律做出贡献，除在民族学院工作的学者外，多数民族学家转到一些综合大学的历史系工作。林惠祥先生就是在筹建创办了厦门大学的人类博物馆之后从历史系转入到厦门大学人类博物馆工作。

在 1950 年代，厦门大学人类学发展的最重要成果之一是厦门大学人类博物馆的正式建立。

1951 年，林惠祥向王亚南校长建议，愿意把他平生搜集的文物标本和图书无偿地捐献给厦门大学，以创建厦门大学人类博物馆。1951 年 3 月 15 日正式呈文《捐赠古物标本及图书提议设立人类博物馆筹备处呈函》给王亚南校长并转华东教育部。4 月 28 日，王亚南校长在呈华东教育部呈文中写道："林惠祥先生为一诚笃刻苦努力之学者，近将其半生勤劳积蓄之物全部捐给学校，希望我校设立人类博物馆筹备处。……其志甚坚，其情尤挚。"

1951 年 6 月 16 日，华东教育部吴有训部长在批复文中写道："查你校教授林惠祥先生贡献其个人经数十年辛勤收集文物，以供大家钻研，此种大公无私，阐扬学术之精神，予以奖勉，希即转告。"

1951 年 7 月 12 日，林惠祥又呈文《厦门大学设立人类博物馆筹备处计划书》，送王亚南校长并转呈华东教育部。

1951 年 12 月 4 日，华东教育部批复，经中央教育部同意，暂时成立厦门大学人类博物馆筹备处。林惠祥随即辞去厦门大学历史系主任之务，专司馆长之职，全力投入办馆工作。1953 年 3 月 15 日，厦门大学人类博物馆正式开馆，成为新中国第一家专业性博物馆，也是新中国高校中唯一的一所人类博物馆。1956 年全馆职工达 18 人。它成为中国人类学研究基地之一。以林惠祥为核心，组织了厦门大学一系列的人类学调查研究工作。以人类博物馆为研究机构，进行了一系列民族学、考古学方面的调查、发掘及研究工作。从 1951 年到 1958 年，林惠祥先生培养了包括陈国强、叶文程、蒋炳钊、吴绵吉等一大批新中国的人类学、民族学、考古学人才。1950 年至 1951 年间，林惠祥受中共厦门市委统战部的委托，组织师生对厦门港的疍民进行了调查。调查之后，写成了 5000 ~ 10000 字的报告，交厦门市委统战部。

1955 年，国家高教部委托以中央民族学院研究部的林耀华为首的编写组编写《原始社会史》教学大纲。旋于 1956 年 2 月在北京召开了"原始社会史"课程讨论会，厦门大学林惠祥与其他高校的相关专家共同参加了会议，参与讨论了编写原始社会史的目的性、分期法、原始社会史与其他学科的关系、课程内容的方

图 6　厦门大学人类博物馆(1955 年)

图 7　1955 年底到 1956 年初，林惠祥先生(前持杖者)在福建省长汀县河田区新石器时代遗址调查采集

面的问题。

林惠祥在高校院系调整后，依然留在厦门大学人类博物馆工作，并在历史系担任教授。同时，为了适应国内政治新形势的发展要求，林惠祥把自己的专业兴

趣转向对中国的华南及东南少数民族的考古与历史研究。到1958年去世之前，他一直注意福建和华南地区考古研究。这一时期其最重要的研究成果，是围绕在中国东南沿海和海洋及太平洋诸岛发现的石锛展开的。他运用考古学、历史学和民族学的资料，论述了有段石锛的发明、发展及用途。他还研究了南洋的各民族与中国华南的古民族的历史关系、黎族葬俗、民间流传的“雷公斧”等问题。

1958年2月12日晚，林惠祥在人类博物馆中写作《中国东南区新石器时代文化特征——有段石锛》的英文提要，至13日凌晨，突发脑溢血，抢救无效，不幸辞世，享年57岁。林惠祥教授的突然去世，是厦门大学人类学事业的重大损失。

林惠祥教授在世时不余遗力培养人类学人才。他的学生和助手陈国强、蒋炳钊、叶文程、庄为玑、吴绵吉等成为厦门大学人类学传统发扬重建的中坚力量。

1950年代，在全国范围展开的少数民族社会历史调查与后来的民族识别活动中，人类博物馆的陈国强、蒋炳钊、叶文程对在大陆的高山族和在东南地区分布较广的畲族，都进行了细致的研究。1958年，博物馆的陈国强任福建省少数民族社会历史调查组副组长。他们完成了《高山族简史简志合编》《高山族简史》和《畲族简史简志合编》《畲族简史》《畲族社会历史调查》等著作，为后来的研究留下了保贵的经验与资料。

以厦门大学人类博物馆为主的厦门大学人类学研究，在1960年代中后期“文化大革命”期间中断。人类博物馆也一度被迫关闭。直到1978年恢复展出。另一方面，有助于中国人民获得历史自信、民族自信的考古学研究在中华人民共和国成立后具有意识形态的话语权，一直得到鼓励和发展。1973年，厦门大学获准建立考古学专业，成为人类学传统在此一时期的分科发展标志。考古学专业的前身是1958年人类博物馆人员兼任的考古民族学专门化，开设“考古学通论”等课程。至1984年人类学系成立，厦门大学人类学研究才全面恢复。

这一时期厦门大学人类学发展的主要特点：随着中华人民共和国的成立，仿照苏联模式的民族政策也开始运行，如果说少数民族社会历史调查还延续了民国时期边政学研究的特点，而之后的民族识别则是为民族政策制定服务的实际应用。厦门大学人类学的发展也毫无例外地受到这种趋势的影响。同时，还受到了“文化大革命”的冲击而中断。但是，这一时期在少数民族社会历史调查名义下进行的民族学研究和资料收集整理工作，无论在资料整理，还是文物收集方面，都为之后一个时期厦门大学人类学的全面发展打下坚实的基础。

图 8　厦门大学建南大礼堂兴建期间，陈嘉庚先生视察工地之后到人类博物馆与林惠祥先生交谈

三、重建阶段（1980—1990 年代）

1978 年，中国共产党第十一届三中全会召开，国家和社会政治生活拨乱反正，极左错误得到全面纠正，国内人类学、民族学、社会学也面临着新的发展机遇。建立学术机构和学术团体，重新认识过去被否定的学术规范，整理旧有的成果，人类学、民族学、社会学得以全面恢复，学科建设得以不懈探索。这一时期，随着人类学、社会学专业和系所在中国大陆地区全面恢复，厦门大学人类学研究与教学重获生机。1979 年 3 月召开第五届全国人民代表大会，政府工作报告将民族学这一学科名称重新提出。民族学的恢复工作开始列入议事日程。

1970 年代末期开始，中国社会政治经济体系逐渐突破世界冷战困局，进入改革开放的新时期，主动参与和塑造 20 世纪的后冷战时代全球化进程，中国社会学迎来新的历史发展契机。1979 年，中央政府决定全面恢复社会学的教学与科研，厦门大学也追根溯源，继往开来，分别在政治学系和哲学系开设了社会学的课程。

1979 年 4 月 25 日至 5 月 6 日，中国社会科学院组织召开的全国民族研究工作规划会议在云南省昆明市举行。会议就民族研究工作如何为四个现代化服务和一些理论学术问题进行了讨论，并成立学术团体——中国民族研究学会。会议期间还建立了中国民族学研究会筹备委员会，中国社会科学院民族研究所的秋浦担任筹委会主任，厦门大学教师陈国强被选任副主任委员之一。1980 年 10 月 20 日至 26 日，首届全国民族学学术研讨会在贵州省贵阳市举行，会议选举成立中国民族学研究会理事会，陈国强被选为副会长之一。1984 年 10 月，中国民族学研究会更名为“中国民族学会”，1991 年 10 月，该会正式定名为“中国民族学学会”。

1980 年，筹建中国人类学会的工作开始。1981 年 5 月，首届全国人类学学术讨论会在厦门大学召开，并正式成立中国人类学学会，一批老一代学者分别作为学会顾问、主席团成员或理事。人类学系教师陈国强被大会选任中国人类学会秘书长。鉴于厦门大学人类博物馆一直坚持从事人类学研究，会址就设在厦门大学人类博物馆。学会成立后，多次召开全国性学术研讨会，将会员的研究成果汇集出版为《人类学研究》《人类学研究续集》《婚姻与家庭》《人类学与应用》《当代中国人类学》《建设中国人类学》《中国人类学的发展》等，并编印有《中国人类学学会通讯》。

作为中国人类学开创者和奠基人之一林惠祥先生的学生和助手，陈国强教授积极继承林惠祥的人类学事业。他在担任国家一级学会中国人类学学会的秘书长期间，不断积极呼吁国家恢复和重建中国人类学，为 80 年代以来中国人类学的重建做出重大贡献，特别是为厦门大学人类学的恢复重建和发展，在厦门大学人类学的组织建构、学科发展方面进行了卓有成效的工作。

1980 年 3 月，国家有关部门在西安举行高等院校中创建、恢复部分缺门学科（如民族学、社会学、心理学、教育学）的相关会议，根据此次会议指示精神，一些院校开始积极筹办民族学系、人类学系或民族学、人类学专业。

陈国强先生继续从事高山族研究。1988 年至 1995 年是其高山族研究著作出版的盛产期，包括合著的著作有 7 本，其中，三联书店出版的《台湾高山族研究》是其探海得珠之作。1996 年 4 月至 6 月，应台湾省各姓渊源研究会邀请，陈国强赴台调研高山族，这是大陆学者自 1949 年以来首次从事的台湾高山族田野工作。他和该会理事长林瑶棋合著出版《台湾原住民的姓名》。将高山族史研究与百越史研究相结合是陈先生研究的特色。将高山族先民确定为“百越的一支”,是其高山族早期历史研究的基本思路。他参著的《百越民族史》被评为首届教育部人文社会科学优秀成果二等奖,所撰的《百越族与台湾原住民》由台湾幼狮出版公司出版。汉族研究是陈先生晚年主要的垦域。早在 1951 年他跟随林惠祥教授做田野的第一年,师生俩就在厦门港调查疍民后裔和汉族渔民。1989 年后他先后带领本科生和研究生在闽南惠安的东部沿海地区调查特异风俗族群。从历史解释现状和从现状追溯历史是其惠东人研究的特点。他合著、合编出版《崇武人类学研究》《崇武大岞村调查》《崇武靖江村》《闽台惠东人》。早在 1987 年他就和香港中文大学人类学系主任乔健博士从事惠东人调研,并由香港中文大学人类学系推动台湾“中研院”民族学研究所调查研究惠东人和惠东人徙居台湾的社区。1990 年,两岸三地学者在香港中文大学召开两岸惠东人协作研究研讨会,结集出版《惠东人研究》。客家是陈先生汉民族研究的另一个民系。从田野入手是其汉族研究的一贯方法。1993 年年初的大寒前后,他和研究生在客家祖地宁化调查,当年暑期又在长汀涂坊乡调查,1994 年在永定湖坑调查,先后编写《宁化客家祖地》、《长汀涂坊客家》和《客家土楼之乡》。

蒋炳钊教授是厦门大学人类学重建时期的另一位代表人物。他与陈国强教授、叶文程教授、吴绵吉教授等同事及学术同仁共同创办厦门大学人类学系、人类学研究所,并共同倡议创建中国百越民族史研究会、中国人类学学会,长期担任中国一级学会百越民族史研究会会长、人类学研究所(我国教育部批准设立的人类学研究所)所长,并担任中国人类学学会理事。蒋先生积极推动和组织百越民族史学术研究,长期从事我国东南地区少数民族尤其是畲族的社会历史文化调查与研究,堪称我国百越民族史学界、东南少数民族研究界权威,是东南人类学传统的重要代表人物,为中国人类学、民族学学术发展做出了重要贡献。蒋先生著述丰厚,主要著作有《百越民族史》《百越民族文化》《百越民族史资料选编》《畲族史稿》《畲族社会历史调查》《畲族古代历史资料汇编》《东南民族研究》《中国东南民族关系史》等十余部,主编《林惠祥文集》以及百越民族史研究会年会系列论文集,点校出版《鹿洲全集》等,发表论文百余篇。其学术论著曾获全国高校人文社会科学优秀成果奖、福建省社科优秀成果奖。

1981 年夏,人口与生态研究所前身人口研究室成立,是中国首批联合国人口活动基金授援的研究单位。1984 年被认定为联合国人口活动基金会授援助单位。黄志贤教授担任人口研究室首任主任。随后改名为厦门大学人口研究所、厦门大学人口与生态研究所。

1983 年，教育部批准成立厦门大学人类学研究所。1984 年 2 月，人类学研究所正式成立，是我国高校中唯一的有关人类学研究的机构。

1984 年 2 月，厦门大学在原有的人类博物馆和历史系考古学专业的基础上，建立人类学研究所。下设人类学与考古学两个专业，从事文化人类学和考古人类学的研究以及中国民族史、文化人类学、考古人类学研究生的教学。

1984 年 9 月，教育部批准厦门大学建立人类学系。从历史系中分出考古学专业，进入新设的人类学系，同时增设人类学本科专业，从 1986 年开始招收人类学本科生。考古学专业和人类学专业交互隔年招收本科生。人类学系成为中国人类学学会和中国百越民族史研究会及中国古外销瓷研究会的挂靠单位。新设立的人类学系办公地址设于人类博物馆三楼。自此，在 1980 年代，厦门大学人类学在学科建设方面，实现了人类学系、人类学研究所和人类学博物馆“系、所、馆”三位一体的独特学科建制。在 1980 年代中期至 1990 年代中期的十年间，这种三位一体的学科整合建制在中国高等院校中独树一帜。

1982 年，在陈国强的努力下，人类博物馆就开始招收中国民族史和文化人类学硕士研究生。1984 年人类学系、人类学研究所成立后，本科生的培养由人类学系承担，随即对 1981 年入学的 20 名考古专业学生加强了人类学专业知识的传授与训练，1985 年毕业的这一届学生就成为人类学系成立后的第一届本科毕业生。1984 年入学的考古学专业本科生在历史系报到学习了一个月后即进入刚刚成立的人类学系学习，成为人类学系招收培养的第一届新生。1985 年，中国人类学学会和厦门大学人类学系联合举办了“应用人类学培训班”。从 1985 年开始，人类学系本科生招生步入正轨，并进行专业方向的细分，确定奇数年招收考古学专业方向，偶数年招收人类学专业方向。同年，人类学招收了 15 名考古学专业方向本科生，次年招收了 21 名人类学专业方向本科生。这一模式一直延续到 1993 年人类学系暂停招收本科生为止。

全国哲学社会科学规划会议筹备处于 1979 年 3 月 15—18 日在北京召开社会学座谈会，研究如何在马列主义、毛泽东思想的指导下，开展社会学的研究工作，为我国社会主义现代化建设做出贡献。胡乔木同志代表党中央在会上为社

图 9　人类学系 1984 级考古学专业在江西吴城考古实习

会学正名。1984 年年底，哲学系扩建了教研室，社会学教研室从马克思主义哲学原理原著教研室中分出。辛炳尧和张友琴在哲学系开设社会学课程。1986 年，胡荣从南开大学研究生班毕业后到厦门大学政治学系任教，开设“社会学概论”和“社会调查研究方法”等课程。

在这一阶段，胡荣更多的是从事社会学理论的研究。他认为中国的社会学发展不能仅限于用中国社会学的经验材料去补充说明西方的社会学理论，中国社会学也应有自己的理论。正是基于这一想法，胡荣教授在 1980 年代末和 1990 年代初就进行了理论建构的尝试。他在《社会单位范畴初探》(《社会学探索》1989 年第 6 期)、《社会学知识的形态》(《社会学研究》1992 年第 3 期)、《社会单位中的权力关系》[《厦门大学学报(哲学社会科学版)》1993 年第 1 期]以及专著《社会学导论:社会单位分析》中系统地提出了“社会单位理论”，试图对现代西方社会学中宏观与微观研究的脱节进行综合，对冲突学派和功能学派的对立进行调和。以社会单位这一概念为基础，胡荣建立了一个全新的社会学理论体系：人有各种需要，这些需要既包括马斯洛所划分的五个层次的需要，也包括与人的价值观相联系的价值需要。需要是一切社会行为的基础。我们把能满足人的需要的东西称作资源，资源既可以是物质的，也可以是精神的，既包括有形的东西，也包括无形的东西。人为满足自身的需要，就要从他人那里或自然界获取资源，互动就是在此基础上产生的。互动是相互的社会行动，其主体既可以是人，也可以是社会单位，其种类既包括直接互动，也包括间接互动。社会互动有合作与竞争、互助与冲突、交换与掠夺三对基本形式。为了满足个体的需要，人与人之间发生社会互动，当互动形成一定的关系网络时，便产生了社会单位。社会单位所包括的范围相当广泛，既包括小到由两人组成的家庭，也包括大到覆盖全球的世界体系，既可以指松散的朋友群，也可以指结构严谨的社会组织。根据其结构和规模，社会单位可以划分为社会群体、社会组织、国家以及世界体系四个层次。为了弄清宏观社会单位与微观社会单位之间的共同之处，胡荣又分别从权力关系的角度将社会单位划分为初级社会单位和次级社会单位，从满足成员需要情况的角度将社会单位划分为单一型社会单位、综合型社会单位和自足型社会单位，以及从结构化程度的角度将社会单位划分为正式社会单位与非正式社会单位。这一理论得到王康、袁方和谷迎春等老一辈社会学家的充分肯定，中山大学万向东教授则在《社会学研究》上撰文高度评价胡荣教授在《社会学导论：社会单位分析》中提出的理论体系，认为该书的特色是："第一，提出了新的社会学概念。……第二，建立新的理论体系。……第三，对一般社会学中的许多问题的独到分析。在建立了新的理论框架之后，作者对社会学中的许多问题提出了自己的独特见解，使我们看到了借助原有的社会学理论未能看到的东西。"社会单位理论的提出在国内产生了一定的影响，为中国的社会学理论创建产生了积极的意义。

1988年，哲学系开设社会工作与管理专门化专业，开始招生本科生。这在当时，全国也只有北京大学和厦门大学两个单位申报该专业。

1993年，教育部批准设立社会工作本科专业，是中国最早设立社会工作本科专业的高校之一。

1994年7月，厦门大学人类学系停止招收本科生，考古学专业划归历史系，人类学专业的教学人员均转入人类博物馆与人类学研究所，继续从事人类学的研究以及中国民族史和文化人类学方向研究生的培养。

1999年，人口研究所获批设立人口、资源与环境经济学硕士点。

图 10　1994 年 7 月，胡荣给雷洁琼教授赠书

图 11　胡荣在香港向费孝通先生汇报厦门大学社会学学科建设情况(1999 年)

在学术上，有人把厦门大学人类学研究称为南派，郭志超是厦门大学人类学研究第三代的学术带头人之一。南派的特点是，把历史、人类、考古、语言、民族学等多个学科融合在一起，这正是读历史的郭志超的强项。他专长于中国东南民族史、人类学研究方法、闽南文化等，畲族研究颇有造诣。从事的主要研究方

向是东南民族史和人类学研究方法。研究的族别或族群包括畲族、回族、高山族，以及闽南人、客家人和疍民。他的研究特点是整合历史学、文化人类学的理论方法；文献研究与田野调查相济；打通少数民族史与汉民族史的畛域。他编写了《纪念林惠祥文集》(2001 年)、《畲族研究丛书》(2002 年)、《文化理论与族群研究》(2004 年)等多篇著作，发表学术论文 200 多篇。

彭兆荣 1994 年从贵州大学调入厦门大学工作。此年恰逢厦门大学人类学系撤销，于是此后十多年主要投身于厦门大学人类学的学科建设、复系及博士点申报等工作。通过组织筹备和召开学会学术活动，如 1997 年在厦门大学召集的文学人类学学会第一届年会，2000 年在厦门大学组织的二十一世纪人类的生存与发展国际人类学学术研讨会，提高了厦门大学人类学在国内外的知名度和影响力。2004 年，厦门大学旅游人类学研究中心成立，成为国内最早的旅游人类学及遗产研究平台。同年开始着手人类学系复系工作及人类学博士点申报工作。2005 年，厦门大学人类学系得以复建，彭兆荣成为复系后首届系主任，同时出任人类学研究所所长。在原先民族学博士点的基础上，人类学方向博士点也在教育部获批。林惠祥先生当初设想的厦门大学人类学系、人类博物馆、人类学研究所三位一体的完整建制自此得以重新实现，厦门大学人类学方向的本、硕、博完整招生培养机制也得以建成。彭兆荣不光对厦门大学人类学，对整个中国的人类学学科体系建设中都有着重要贡献。他曾任中华人民共和国参加联合国教科文组织(UNESCO)非物质文化遗产遴选草案特别会议中方专家组成员，联合国“人与生物圈”(M&B)中国国家委员会委员。2004 年入选首批“福建省文化名家”。2016—2018 年连续三年，彭兆荣都被中国社科院民族学与人类学研究所统计为大陆人类学发表论文最多的学者。他在国内率先倡导并将厦门大学人类学建设为文学人类学、旅游人类学、非物质文化遗产等方向的研究重镇。

石奕龙的人类学研究的特点是努力去揭示历史事实与社会事实，并在此基础上加以合理与符合事实的解释。在 20 世纪 90 年代，他撰写了大陆第一本《应用人类学》教科书，在大陆开拓应用人类学这门学科教学与研究工作。90 年代开始研究送王船与王爷信仰，认为国家级非遗项目“闽台送王船”应称之为“请王送王仪式”，是闽南人的一种祭祀仪式，与送瘟不是一回事。21 世纪初的汉人研究中，他认为惠东女的长住娘家习俗并非遗留或商业导致的，而是因为惠东男性外出工作(做工、远洋渔业),导致惠东形成男性成年不在家的情况下,将农业交给女性从事,这才导致惠东女的长住娘家习俗的形成,而这个形成时代大约是在明代中晚期。在畲族研究方面,他认为现代畲族实际上在明代末年才在闽东、浙南地区形成,标志是盘瓠传说的改造。这是由于正德年间王阳明对粤东被人称为畲、瑶、客“客人”的反抗形成残酷镇压后,导致他们迁往闽东、浙南,因与当地汉人争夺资源而形成盘、蓝、雷、钟的抱团,才形成现代的所谓畲族,也就是说,现代畲族是明末在闽东、浙南建构成的。由此,也可以看到马克思主义的历史观是唯物主义的社会建构论。另外,在畲族习俗方面,他也对畲族成年礼的一些先前表述进行了匡正,认为过去讲畲族成年礼后就可以获得“法名”等的说法是错误的,那是把道士的“度界”的仪式误会为畲民的成年礼了。

邓晓华是我国语言人类学学科的领军人物,在语言人类学以及历史语言学等研究领域取得了较为突出的贡献,其研究特点是长期使用语言学、人类学与考古学等多学科结合的方法,研究成果受到国内外同行的高度重视和赞扬,他使用自然科学方法研究中国语言及方言分类以及民族学的研究成果具有广泛影响,而关于客家话的多元结构来源以及客畲族群性差异的语言人类学分析的研究结论具有独创性意义。在语言与族群的关系分类研究、南岛语族的起源及形成研究、南方土著语言的底层研究、语言与族群分类的计量模型研究、华南族群的语言及方言的分区研究上具有创新性意义,取得了有特色、有影响的重要研究成果。邓晓华等语言学者的研究表明,在当今的闽南方言中,存在着相当多的南岛语系词汇,并进而推论南岛语是福建史前及上古时代先民的语言;邓晓华、王士元进一步挑战西方学者关于南岛语系单向由台湾向太平洋地区扩散的说法,认为南岛语在东南沿海形成后,至少有两个扩散方向:其一是东南沿海经云南和东南亚岛屿,然后再到台湾;其二是由东南沿海直接传到台湾。目前分布在中国西南地区的壮侗语言与南岛语的关系远比与汉藏语系的关系更密切,应该是由南岛语分化出来的。而邓晓华关于闽方言中存在“南岛语系底层”的观点,是历史语言学关于南岛语系发源的重要发现。

四、建制阶段(2000 年—2018 年)

2000 年 3 月,在张友琴和胡荣的推动下,时隔 63 年重建社会学系,隶属人文学院,下辖社会发展研究中心和社会工作实验室。2002 年,社会学硕士点设立。

图 12　2004 年 11 月 24 日,社会工作华南片区会议在厦门大学召开

2003 年,社会学系与原厦门大学政治学系、人口研究所共同组建厦门大学公共事务学院。社会学系有社会学和社会工作两个本科专业,一个社会学硕士点,一个社会学博士点,同时下辖社会发展研究中心、社会工作实验室。后与心理学专业、人口所建立密切联系。社会学专业致力于培养熟练掌握社会学基本理论、基本知识和基本技能,具有综合分析社会问题的能力,较熟练掌握社会调查研究方法,全面发展的,能够在政府的经济、社会、政策研究等部门和传媒机构、高校、企业、各类咨询调查公司等单位从事教学科研、行政管理、调查咨询等工作的专门人才。

图 13　2004 年 4 月，郑杭生教授访问厦门大学

图 14　2005 年 1 月，陆学艺教授访问厦门大学

作为社会学的学科带头人，胡荣开始陆续在《社会学研究》、《厦门大学学报》以及英文杂志《当代中国》(*The Journal of Contemporary China*)上发表一系列有关村民自治和村级选举的文章。针对国内社会学研究不规范的问题，胡荣在不同的场合一再呼吁要做规范的学术研究。2006 年第 6 期的《社会》发表了胡荣的《坚持学术规范，提升研究水平》一文。在该文中，他强调在重建和发展中国社会学的过程中，有必要学习和借鉴西方的社会学理论，与西方社会学家的最新研究成果对话。而在学习和借鉴西方社会学的研究成果，与西方社会学家的研究进行对话时，就必须坚持学术规范。学术研究是通过不断的积累进行的，每从事一项课题的研究之前，或是写一篇文章的时候，都要熟悉相关的文献，了解在这一领域前人都做了什么研究，取得了什么样的成果，然后才能在前人基础上提出一点新的东西。在从事村民自治的研究过程中，胡荣开始从定性研究转向了定量研究。2003 年《社会学研究》第 5 期上发表的《社会经济地位与网络资源》，是他写的第一篇定量研究的文章。在发表这篇文章之后，又陆续地写了一些定量分析的文章，而且开始在农村做大量的问卷调查，研究农民上访和政治信任等相关问题。从 2001 年主持国家社科基金项目"村民自治与农村社区的社会资本重建"开始，陆续主持了多项国家社科基金课题，在农村地区做了大量的问卷调查。2001 年带领学生到福建省寿宁县和厦门同安区调查；2003 年带领学生到寿宁和浙江泰顺调查；2007 年 3 月带领学生到浙江永嘉、江西上饶和福建武平调查；2009 年 3 月赴江西泰和、崇仁，寿宁和江苏太仓调查；2011 年带领学生到泰顺和厦门调查；2013 年在厦门海沧调查；2013 年 7 月在罗源调查；2015 年带领学生到寿宁、上饶、南安和厦门调查。胡荣的研究由最初的村民自治扩展到农民上访、政治信任。2006 年发表在《社会学研究》第 2 期上的《社会资本与中国农村居民的地域性自主参与》，在国内学术界第一次把帕特南的社会资本概念用于经验研究，并在此基础上提出"地域性自主参与"这一概念来概括村民自治背景下农村居民政治参与的特点。发表于 2007 年《社会学研究》第 3 期的《农民上访与政治信任流失》一文把农民上访与政治信任联系起来，在学术界产生较大反响。

张友琴的学术研究领域主要集中在社会保障、社会政策和老年社会工作。多年来，张友琴以厦门乃至福建为研究场域，关注社会变迁中的弱势群体及相关配套保障政策。她在中国社会保险初创期，探索了传统劳保医疗制度的改革思

图 15　2009 年 4 月 23 日，胡荣带领学生到寿宁县农村调查

路，提出建立储蓄型的专项医疗基金，并逐步走上社会化医疗保险道路的政策建议。同时比较了社会保险与金融保险的共性与差异性，提出"在建立中国特色的社会保障制度的实践过程中，应注意区别和发挥两种保险的作用"。她还开展了对城市、农村、城市化变迁三类不同社区中老年人生活保障的比较研究，发现虽然家庭支持仍是城乡老年人社会支持网的主体，但家庭支持和家庭成员的作用呈现相当明显的社区差别；在城市化进程中，传统的家庭支持网的功能在弱化，支持网的规模在下降，而老年人社会支持网络的多元化有助于改进老年人晚年生活的品质和生活满意度。为此，她提出重建老年人家庭支持网的政策措施：通过国家的法律、政策支持，建立以法律为基础、以社区为依托的具有社会主义市场经济特点的家庭支持网，变以往单纯依靠家庭的自发行为为主动介入制度性的措施，从而提高老年人家庭的支持力。在研究被征地农民的社会保障问题的过程中，她提出要将"以土地换社保"调整为"以土地养社保"的政策，政府要通过制度供给予以引导和推动。

童敏一直扎根实务，创建了厦门全国社会工作专业实习示范基地，组织了厦门市"全国首批社会工作人才队伍建设试点单位"和晋江市"全国第二批社会工作人才队伍建设试点单位"创建工作，参与了厦门"全国首届城市社会工作人才队伍建设”现场交流会，推动了厦门市第一家社工服务机构的成立和第一个社会工作服务购买项目的落地，督导的三个项目获得民政部首届社会工作专业服务项目二等奖，组织了福建省首届初级社会工作督导培育项目，培养了福建省 8 个城市的 32 名督导，参与了厦门市、福州市、泉州市等城市首届社会工作督导员的培育，开创了深圳市南山区全国社会心理服务体系建设试点工作的实践研究基地，组织培育了全国首批深圳市南山区 100 名精神卫生专职社工，并为深圳市 800 名精神卫生专职社工提供现场实务指导，举办了三场全国精神健康社会工作的研讨会，发起为期两年的全国“精神健康社会工作培训计划”。他曾荣获厦门大学第十届高等教育教学成果一等奖(2020 年)、第七届林护杰出社会工作学人奖(2019 年)。

徐延辉于 2004 年调入厦门大学社会学系工作。她采用跨学科方法研究社会福利与社会保障问题，在《社会学研究》《政治学研究》《经济社会体制比较》等杂志上发表了 10 余篇研究成果。徐延辉系国内较早运用社会质量理论研究中国本土问题的学者之一。自 2011 年获得国家社会科学基金重点项目“社会质量视角下的社会建设”开始，在国内率先开创将社会质量理论应用于社会建设领域的研究，在以下领域取得较大贡献：一是运用社会质量理论研究居民创新和城市社区创新问题，研究成果发表于《中国社会科学》等刊物；二是将社区能力建设与社会建设相结合，发表了一系列相关成果；三是将社会质量理论进行了本土化创新，形成系列文章和一部专著《社会质量、社会建设与幸福感》。在人口迁移和农民工市民化研究方面独具特色。自 2007 年主持国家社科基金项目“教育救助与农村贫困人口的社会流动”开始关注人口迁移和社会流动问题，发表了许多文章并出版了一部学术专著即《教育救助与社会流动》。

易林于 2006 年从英国布里斯托大学获得博士学位后加盟厦门大学社会学系。易林的研究以教育为切入点，研究教育、文化、身体与政治的关系，尝试以西欧社会理论家布尔迪厄、福柯、吉登斯以及公民身份学者的理论为基础，研讨文化、教育、伦理与制度塑造当代社会与人的方式。易林的研究主要有两个方向：一是探讨当代社会价值观的变迁如何形塑个体生命历程，尤其是通过考察年轻人的职业选择检视从教育到工作的过渡阶段个体的生命经历和反思。二是探讨当代生物公民身份，主要通过考察普通公民的身体实践、学生的体育实践、吸毒人员的戒毒实践和不可逆疾病患者的治疗实践检视实际的、潜在的、麻烦的和不可能的生物公民身份的塑造过程。易林以博士论文为基础的研究于2008年在国际著名学术出版机构劳特利奇（Routledge）以专著形式（精装版）出版，并于2011年以平装本再版。同时，易林还在包括中国研究顶级国际期刊《中国季刊》（*The China Quarterly*）、《英国教育社会学杂志》（*British Journal of Sociology of Education*）、《日本政治科学杂志》（*Japanese Journal of Political Science*）、《国际教育发展杂志》（*International Journal of Educational Development*）、《国外社会科学》、《读书》在内的一系列国际国内权威期刊上发表了有关中国文化、教育、政治、身份认同等方面的中英文文章，研究领域横跨社会学、政治学、教育学和人类学等多个学科，具有鲜明的跨学科特点。

2009年，社会学系改名为社会学与社会工作系，同年，获得社会工作专业硕士（MSW）学位点。全国首批开展社会工作硕士专业学位教育试点工作的研究生培养单位一共33所，厦门大学位列其中。

社会学系的师资队伍不断扩大。周志家、唐美玲、龚文娟等相继成为社会学系的骨干教师。2010年，陈福平加盟社会学系。他主要致力于城市社区和治理、信息技术的社会影响方面研究。在城市社区方面，他的研究着重于刻画社会变迁中地方社区网络形态、社会资本、社区能力和新媒体等元素对社区治理产生的影响，力图回答何为当代社区治理提升的核心着力点等问题。在信息技术研究方向，其研究主要关注社会媒体（social media）运作的社会学机制，从网络资源、公众参与以及情感支持等角度阐释了互联网时代社会行为的变化与趋势。

接下来的几年里，卜玉梅、刘子曦、阳妙艳等也陆续加盟社会学系。

2010年，厦门大学社会工作专业开始招收硕士研究生（专硕）。2013年，社会工作系与闽南地区唯一一家三级甲等精神病专科医院——厦门市仙岳医院签订共同开展“城市社区精神健康综合服务”合作项目协议，同时在仙岳医院建立了“厦门大学社会工作专业实践研究基地”，成为国内屈指可数的精神健康综合服务实践研究基地。

人口学也在这一阶段获得了较好的发展。2000年，人口研究所与福建省妇女联合会联合共建厦门大学福建女性发展研究中心，福建省人民政府原副省长王美香为该中心名誉主任，同年中心开设“21世纪女性发展论坛”。2011年，人口研究所与公共政策与政府治理研究中心、公共服务质量研究中心、社会管理创新研究中心、区域发展政策研究所、公共政策教育与培训中心、公共政策实验室等机构共同组成厦门大学公共政策研究院。2012 年，人口与生态研究所并入公共政策研究院，人口学专业开始招收硕士研究生。

叶文振于 1994 年回厦门大学人口研究所任教，先后任副教授、教授、博士生导师、人口研究所副所长、所长。他主要从事婚姻家庭与妇女发展人口学、社会学、经济学和女性学的跨学科与多学科的比较研究，至今申请获得国家社科基金、教育部社科规划项目等科研课题资助 20 多项；公开发表中英文学术论文 180 多篇，出版专著、合著和编著 16 部；20 多项科研成果获得省部级奖励。

李明欢的研究领域为移民社会学。她长期从事移民、族群及跨文化比较研究，尤其注重国际移民、海外华人社会及中国侨乡文化研究。自 1986 年以来，曾在国内闽、浙、粤侨乡，欧洲的荷、法、英、意、德、匈等十多个国家，以及美国纽约、加拿大温哥华、印尼雅加达等地从事华侨华人历史与现状的实地调查。曾数十次获邀请方资助赴荷、美、加、法、新等十余个国家参加国际学术研讨会，在国外著名大学发表专题演讲。

这一阶段对于人类学来说最重要的事情是博士点的设立和恢复本科招生。2004 年，人类学系开始招收博士研究生。2005 年，厦门大学恢复人类学系，与此同时教育部批准厦门大学复办人类学本科专业。

2006 年，厦门大学人类学与民族学系恢复，彭兆荣担任系主任兼研究所所长。厦门大学人类学恢复了系、所、馆三位一体的建制体系，拥有了从本科、研究生到博士后教学、研究层次的完整学科建制。彭兆荣、曾少聪、张先清、张亚辉先后出任人类学与民族学系主任。同年，厦门大学人类学研究中心成立，是福建省人文社会科学重点研究基地之一。自 2007 年开始招收复办之后的人类学本科生。2013 年开始，由学校统一实行大类招生，人类学本科归在人文学院大类招生中，待二、三年级时再分出专业。自此，厦门大学人类学形成了从本科到博士的完整培养体系。

2014 年，厦门大学人类学研究中心被评选为福建省人文社会科学重点研究基地优秀基地。

张亚辉于 2016 年加盟厦门大学人类学与民族学系。他开始进行韦伯的社会理论研究，并尝试以之为基础推动藏族社会与欧洲社会的比较研究。张亚辉在这一研究的过程中发现罗马和希腊武士的政治联盟与犹太人所推崇的家父长的宗教联盟是两种最为基本的超越传统支配的社会制度，基于这一区分，张亚辉提出一神论并非起源于思想观念的进化,而是宗教联盟的产物,而政治联盟则几乎总是走向形而上学和多神论。通过对梅因、莫斯、韦伯和杜梅齐尔等人理论和材料的分析,张亚辉意识到了印欧人经验对于19世纪之后的西方社会科学的根本性影响,并发现了中国社会科学的基本命题几乎全部都来自于印欧经验的比较。从2013年开始,张亚辉就有意识地推动王权理论研究,并先后发表了一系列经验研究和理论研究的文章,并且翻译完成了霍卡的经典作品《王权》。另外,从对张光直的萨满王权理论的反思以及对新清史的回应,张亚辉发表了一系列与清代王权范畴研究相关的作品,并尝试指出,清代的根本问题是武士集团,其信仰和宗教实践的多元性促成了乾隆年间的经学变革。另外,张亚辉从2014年开始关注吐蕃王权的研究,并先后于2014年和2020年在《民族研究》发表了两篇专门讨论吐蕃王权的神话与历史的文章。

王传超在2017年到厦门大学人类学研究所工作。他带领学术团队通过对高加索地区和中国新疆众多考古遗址的古人DNA研究,综合语言学、考古学跨学科证据,指出印欧语很可能起源于安纳托利亚至高加索南部这一区域,而后经由颜那亚草原游牧人群大规模传播,论文以第一作者或通讯作者发表在《自然—通讯》(*Nature Communications*)和《当代生物学》(*Current Biology*)上。王传超等通过对陕北、台湾、蒙古国、俄罗斯远东地区和日本的众多考古遗址古人DNA研究,精细解析东亚人群8000年来的起源、迁徙和混合历史,发现东亚地区农业和语言传播主要受人群迁徙的驱动。与蒙古国东部和黑龙江流域8000～6000年前的古人血统有关的人群在贝加尔湖到俄罗斯远东地区大范围内传播着蒙古语和通古斯语;5000年前黄河流域的农业人群在中国北方传播农耕、汉藏语言和相关技术,在遗传上成为藏族和汉族的祖先人群之一;3000～2000年前台湾的古人与大陆侗傣语人群有紧密的遗传关系,他们向南扩张,传播南岛语,并对南亚语人群有遗传贡献。王传超等通过对全球579种语言的研究,发现人类语言的语音多样性分布是有一定规律可循的,结合人类起源研究,语音多样性分布反映的并非现代人的最初起源过程,而是第二步的发源于亚洲西南部的人类大扩张。结合Y染色体扩散途径的分析,发现人类大扩张可能发生于2万～4万年前,辐射到了所有的大陆,并且回流到了非洲,形成了现代种族的主体格局,论文以第一作者发表在《科学》(*Science*)上。

五、整合阶段（2018 年—　）

1980 年代以来，厦门大学社会学得到繁荣发展，拥有社会学博士点、一级学科硕士点（2016 年）和博士后流动站（2012 年），同时有福建省社会学一级重点学科（2012 年）、福建省高校以马克思主义为指导的哲学社会科学基础理论创新团队（社区治理创新团队，2017 年）、福建省硕士生导师团队（社会学专业，2018 年）等研究平台和团队。社会学系提供社会学专业法学学士学位。培养树立胸怀社会的理想和情操，熟练掌握社会学基本理论、基本知识和基本技能，具有综合分析社会问题、从事社会管理能力的专门人才，学生能在党政机关、企事业、社会团体、科研和咨询机构等单位从事教学科研、行政管理、调查咨询等工作。

社会学系在胡荣教授的带领下，依托学院不同学科平台，实现多学科有机融合，开展了多项有利于国家治理和社会治理体系现代化的综合性社会科学研究，在农村社会学、政治社会学、社会政策和社会福利、文化与教育社会学、环境社会学等研究领域有所建树。

1.农村社会学方向以胡荣教授为带头人。胡荣教授多年以来在农村社会学领域建树颇深。其研究重点关注农村社会政治变迁、基层政权建设、社区治理、土地制度改革等重要社会议题。该方向已产生了一批开拓性学术成果，国内外影响力突出。

2.社会政策方向的带头人为徐延辉教授。该方向研究重点关注社会福利与社会建设领域，特别是社会质量、社会保障、社区建设和反贫困等议题，成果颇丰，深具前瞻性，享有很高的专业声誉。

3.文化社会学方向以易林教授为带头人。该方向研究关注文化与社会理论、民族与教育、新兴生活方式与伦理政治等议题，研究具有国际视野和突出的探索性，引起了国际学术界的持续关注。

4.环境社会学方向。该方向研究的主要成员有周志家副教授等。研究重点主要有：西方环境社会学理论、环境标准的制订中的无知与视角分歧问题、中国环境保护中的公众参与、中国环境 NGO 研究、环境与新闻和环境政策与管理。

历经近百年的传承与发展，如今厦门大学人类学已拥有国内少见的人类博物馆、人类学研究所（教育部批准设立）、人类学与民族学系“三位一体”的完整学科建制，并设有中国人类学学会、中国百越民族史研究会两个国家一级学术团体，为中国人类学研究的南方重镇。

厦门大学人类学立足东南与海洋区位特色，在发挥建制完整、布局合理的学科体系以及传统优势地位的基础上，近年来加大应用人类学、海洋人类学、海外华人华侨移民、中亚与非洲人类学、文物与文化遗产保护等领域的研究力度，使语言人类学、体质人类学、海洋人类学、移民人类学、东南亚族群文化、华侨社会文化、博物馆人类学、旅游人类学、生态人类学、发展人类学、应用医疗人类学与身心健康、艺术人类学、商务人类学、性别人类学的研究更具活力及社会实践性。尤其在文化人类学理论、闽台与东南亚族群、海外华人华侨等方面的研究积累丰厚，具有较广泛的影响。其主要研究方向，从研究对象的角度看，有中国少数民族社会与文化研究，中国汉族区域性文化研究，跨国、跨境、跨域的移民及族群关系研究等；从研究内容上看，除文化人类学总论这一基础性领域外，也在宗教人类学、历史人类学、政治人类学等传统领域深耕细耘，近年来在旅游人类学、都市人类学、海洋人类学和医疗人类学等应用性较强的领域获得长足发展，如上特色鲜明的学术取向，曾受到 Arthur P. Wolf（武雅士）、Marshall Sahlins（萨林斯）、李亦园、张光直、黄树民、G .E .Guldin（顾定国）等学者的充分肯定。

厦门大学人类学始终将东南亚研究、海洋文化与地方社会发展、全球化与人类学应用等具有当代社会性与需求作为主要研究内容，注重产学研结合及为地方服务，期望以此促进本学科在当代社会文化议题上的研究发展与社会参与度。其中，“地方社会与区域发展”“性别研究与人类学理论应用”等议题，因具历史过程与社会文化的动态性研究分析，被视为前瞻性议题与研究课题。跨学科的整体研究，因结合了历史学、政治学等理论、方法、资料，对华人华侨社区与移民社会的经济政治、社会结构、宗教仪式、表意文化等进行综合性的整体考察而成果颇丰。此外，历来为本学位授权点依重的人类博物馆，藏有丰富珍贵的各类人类学标本，是珍贵的教学与展示资源。近年来配合典藏数字化与应用等议题的发展，赋予人类学藏品新的社会意义，是为重要的研究内容。

作为国内最早开展人类学教学与科研的机构之一，厦门大学人类学在国内外享有盛誉。它不仅是改革开放以来中国大陆最早与台湾地区学术界在人类学领域开展合作研究的机构之一，而且是较早与日本国立民族博物馆、美国哈佛大学、英国伦敦大学等国际著名研究机构建立学术交流渠道的教研机构。它始终立足于培养崇尚实事求是之科学探索精神、掌握人类学及相关学科之学术前沿知识、以人类学为主兼具多学科综合训练的复合型人才。

为达上述目标，厦门大学人类学经过近百年的努力，组建了一支高水平的师资队伍。专任教师中80%以上具有海外知名大学博士学位或一年以上的留学经历，包括引进国际著名的非洲人类学与考古人类学家、原任法国巴黎第十大学副校长 Augustin F. C. Holl（高畅），台湾“中研院”民族所原研究员余光弘等在内的知名学者。在人才培养上，注重具备广博的多学科知识和前沿意识，扎实掌握本学科的理论方法，并不断拓展人才培养的国际范围，与欧美及台湾地区多所高校建立了合作关系，还开创了大陆高校人类学专业研究生赴海外长期田野实习的先例。研究生培养质量名列全国前茅。自2005年以来，在教育部学位与研究生教育发展中心组织的历次学位论文抽查中，不仅保持了学位论文零问题的好记录，而且论文优秀率颇高。研究生纷纷被美国伊利诺伊大学、澳大利亚国立大学、法国巴黎第十大学、北京大学、清华大学、香港大学、香港中文大学等国内外名校录取，为中国人类学界培养出许多优秀人才，影响力遍及国内外。

进入21世纪以来，全球化进一步发展，人类历史发展格局出现重大演变，中国社会工业化取得重大进展，城乡融合不断发展，社会主义市场经济日益成熟，中国特色社会主义进入新时代。为了适应历史时代发展的新情况，面对中国社会发展提出的一系列挑战，建设世界一流的社会学人类学，建设具有中国风格、中国气派、中国风范、中国特色的社会学人类学，厦门大学决定整合既有的人类学和社会学传统资源，成立社会与人类学院。

2018年11月28日，厦门大学整合相关学科资源，以原隶属于厦门大学公共事务学院的社会学与社会工作系、原隶属于公共政策研究院的人口与生态研究所和隶属于人文学院的人类学与民族学系为基础，批准成立厦门大学社会与人类学院。

2019年3月23日上午，厦门大学社会与人类学院在厦门大学科学艺术教育中心举行成立大会，人类学系和社会学系的全体教职员工参加了成立大会。全国人大常委会委员、社会建设委员会副主任委员、中国社会科学院社会学研究所李培林研究员，校党委书记张彦，校长张荣，中国人类学会会长、中国社会科学院委员郝时远研究员，中国社会学会会长、上海大学社会学院李友梅教授，吉林大学党委常委、常务副校长、哲学社会学院邴正教授，中国社会科学院社会发展战略研究院院长张翼等参加了当天的成立大会。

图 16　2017 年 4 月 22 日，厦门大学—社会学学科建设与研究生教育高峰论坛召开

图 17　2019 年 3 月 23 日，厦门大学社会与人类学院成立大会

张荣在致辞中表示，学校结合社会学和人类学的发展趋势，借鉴国内兄弟高校的经验，整合社会学、人类学、民族学、人口学、社会工作等学科，成立社会与人类学院，旨在继承和发扬学科优良传统，培育学科新优势，增强学科竞争力，努力

为党和国家培养立时代潮头、通古今之变、发思想先声的新时代人才，为党和人民述学立论、建言献策。“学校将充分发挥综合性大学优势，努力整合校内外更多更好资源，大力支持社会与人类学院的建设”。

图 18　厦门大学校长张荣在社会与人类学院成立大会上发言

李培林说，40 年来，我国经济体制和社会生活都发生了巨变，中国社会学也伴随和参与这种社会巨变，迅速发展、壮大、繁荣，成为学科体系完整、学科门类齐全、专业教学和研究人员众多、并有着广泛社会影响力的一级学科。“问题导向”是中国特色社会学最鲜明的风格，希望厦门大学社会与人类学院以我国发展中的重大理论和现实问题为研究导向，不辱使命、努力工作，为繁荣和发展中国社会学不断做出新的贡献。郝时远、李友梅、中央民族大学民族学与社会学院院长麻国庆也先后致辞，祝贺厦门大学社会与人类学院成立，并从学科建设、研究领域、学术品牌等方面对学院下一步的建设发展提出了希冀和期待。

图 19　李培林研究员在社会与人类学院成立大会上发言

图 20　厦门大学社会与人类学院揭牌仪式（张彦、张荣、李培林、郝时远、李友梅、社会与人类学院院长胡荣共同为学院揭牌）

成立大会后，"中国社会学与人类学重建 40 年高端论坛"随即召开，来自国内高校和研究机构的社会学、人类学、民族学领域的近 50 名专家学者围绕学科建设与发展，人口发展与社会政策，社会网络与社会分层，民族志与区域发展，人类学、民族学理论与经验等 5 个议题展开深入探讨和交流。自此，厦门大学社会学和人类学进入了学科整合发展的新时代。

图21　参加厦门大学社会与人类学院成立大会的专家学者合影

厦门大学社会与人类学院，下设3个系和2个研究所，分别为社会学系、人类学与民族学系、社会工作系、人口与生态研究所和人类学研究所。拥有社会学和考古学（与历史系共建）2个博士后流动站，社会学和人类学2个博士点，社会学、人类学、民族学、人口学、社会工作（专业学位）5个硕士点以及社会学、人类学、社会工作3个本科专业。

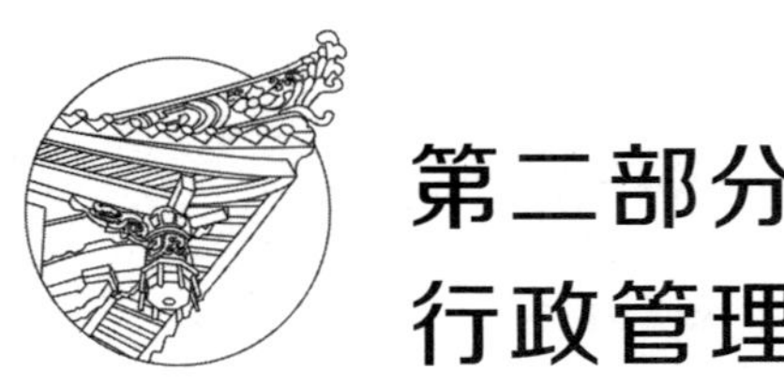

第二部分 行政管理

一、行政机构

新成立的社会与人类学院下设3个系和2个研究所，分别为社会学系、人类学与民族学系、社会工作系、人口与生态研究所和人类学研究所。社会与人类学院拥有一支职称、学历、学缘、年龄结构合理的师资队伍，在成立时，有专任教师43人，其中，教授12人(其中长江学者特聘教授1人)，副教授18人，助理教授13人。拥有社会学和考古学(与历史系共建)2个博士后流动站，社会学和人类学2个博士点，社会学、人类学、民族学、人口学、社会工作(专业学位)5个硕士点以及社会学、人类学、社会工作3个本科专业。

(一)社会学系

社会学系在学院成立时有在职教师11人，3人为博士生导师。其中长江学者特聘教授、教育部社会学学科教学指导委员会副主任委员1人，入选教育部新世纪优秀人才计划2人，入选福建省新世纪优秀人才支持计划2人。社会学系教师是一支年轻化、教育背景多元化和国际化的学术团队，具有强大的科研能力、国际合作能力以及巨大的发展潜力。

社会学系目前拥有社会学博士点、一级学科硕士点和博士后流动站，同时有福建省社会学一级重点学科(2012年)、福建省高校以马克思主义为指导的哲学社会科学基础理论创新团队(社区治理创新团队，2017年)、福建省硕士生导师团队(社会学专业，2018年)等研究平台和团队。社会学系在农村社会学、政治社会学、社会政策和社会福利、文化与教育社会学、环境社会学等研究领域，产生了一批在国内外颇具影响力的论著。社会学系依托学院不同学科平台，实现多学科有机融合，开展了多项有利于国家治理和社会治理体系现代化的综合性社会科学研究。

社会学系提供社会学专业法学学士学位。培养树立胸怀社会的理想和情操，熟练掌握社会学基本理论、基本知识和基本技能，具有综合分析社会问题、从事社会管理能力的专门人才。学生能在党政机关、企事业、社会团体、科研和咨询机构等单位从事教学科研、行政管理、调查咨询等工作。每年大约招收社会学专业本科生 30 人，硕士生 15 人，博士生 5 人。系友遍布世界各地，已成为各行各业的翘楚和领军人才。

（二）人类学与民族学系

人类学与民族学专业拥有传统和深厚的历史底蕴。早在 20 世纪 30 年代初，厦门大学人类学专业就已经设立，由我国著名人类学家林惠祥先生创立的研究和教学传统，成为今日厦门大学人类学与民族学的学术渊源和机构基础。长期以来，厦门大学人类学与民族学系是国内唯一拥有三位一体（人类学系、人类学研究所、人类博物馆）完整学科建制的人类学教学科研机构。中国人类学学会、中国百越民族史学会两个国家一级学会也设在厦门大学。

人类学与民族学系现拥有人类学 1 个博士学位授权点，1 个人类学硕士学位授权点，1 个民族学一级学科硕士学位授权点。拥有福建省人类学重点学科（2008 年）、福建省民族学重点学科（2012 年）。学院成立时，人类学与民族学系有教师 22 人，其中教授 5 人、副教授 9 人、助理教授 8 人。1 人担任教育部民族学类教学指导委员会委员，入选教育部新世纪优秀人才计划 1 人，福建省哲学社会科学领军人才 1 人。1 个福建省高校以马克思主义为指导的哲学社会科学基础理论创新团队（中国乡村人类学创新团队，2018 年）。厦门大学人类学与民族学系设有人类学本科专业。本系人类学专业涵盖了人类学的各个分支学科，包括社会与文化人类学、考古人类学、语言人类学、体质人类学等四个方面。从这四大分支学科延伸出一些非常有特色的专业方向，包括历史人类学、宗教人类学、旅游人类学、影视人类学、艺术人类学、医疗人类学、海洋人类学、饮食人类学、性别研究、移民研究、博物馆研究以及文化遗产研究等等。这些专业方向均重视从人类社会与文化的整体性对学生进行专业素质培养。

人类学与民族学系极为重视人类学田野调查等实践课程，这些课程注重社会经济文化调查方法的训练，注重提升学生的研究技能以及从事应用研究的能力。人类学与民族学系旨在培养具有扎实的人类学与民族学专业基础知识、熟悉田野调查方法、能够在大专院校和科研机构从事人类学民族学及其相关学科教学与研究的专业人才；培养能够在各大党政机关、新闻出版、社会团体中运用人类学与民族学的理论与方法，分析和解决社会发展过程中的理论与实际问题的专门人才；培养能在各类博物馆和陈列展览单位、文物管理部门、旅游部门等单位工作的专门人才。

（三）社会工作系

厦门大学社会工作专业创立于1988年，1994年正式招收第一批社会工作专业本科生，是改革开放以来全国最早的社会工作专业之一。学院成立时，社会工作系有教师8人，其中教授3人、副教授2人、助理教授3人，1人任全国社会工作专业硕士（MSW）教育指导委员会委员。

多年来，社会工作系注重社会政策研究、社会工作实务研究与本土化研究三方面的结合，形成了以精神健康社会工作、老年社会工作、青少年和学校社会工作、社区社会工作、社会工作项目评估、非营利组织建设与管理、儿童行为与发展等特色研究方向，所创建的专业实习基地和实务研究基地具有全国性的示范作用。研究团队积极参与国际学术交流，在社会政策与社会工作领域具有一定的国际影响力。

社会工作系提供社会工作专业本科、硕士和博士三个层次学位的培养计划，并且是全国首批社会工作专业硕士授权招生单位。培养树立社会工作的价值理念，具有扎实的社会工作理论和知识，较熟练掌握社会工作的方法与技能的专门人才。每年大约招收社会工作本科生20人，社会工作硕士生（MSW）40人。社会工作系社会工作专业毕业生就职于党政机关、各类企事业单位、高等院校以及各类社会服务机构和基金会组织，在教学科研、社会服务、行政及人力资源管理领域都取得了优异的成绩和良好的声誉。

(四)人口与生态研究所

人口与生态研究所,成立于1981年(时称人口研究室),是中国首批联合国人口活动基金授援的研究单位。研究所拥有人口学及人口、资源与环境经济学硕士点,女性学(社会学)及人口、资源与环境经济学博士点。2002年,研究所与福建省妇女联合会联合共建厦门大学福建女性发展研究中心,福建省人民政府原副省长王美香为该中心名誉主任。

学院成立时,人口与生态研究所有教师3人。经过全所教师的多年努力,研究所在婚姻家庭人口学、国际移民与人口流动、环境与人口行为、流动人口和健康、人口经济学、人口社会学以及台湾人口研究等研究领域,已经形成了雄厚的学术实力和研究特色。人口与生态研究所通过多学科交叉研究、社会服务和国际合作等途径,建成了具有国际影响力的学科方向。研究所提交的咨询成果多次得到全国妇联、中国侨联、国务院侨务办公室以及省市人口规划、卫生健康管理部门的认可和批示。

人口与生态研究所每年招收人口学硕士生2人,博士生3人。本所培养的人口学专业硕博士毕业生活跃于各类高等院校和研究机构、政府机关和企事业单位以及各类人口、卫生和健康领域行业部门,为国家人口规划、管理和服务发挥了重要作用。

(五)人类学研究所

厦门大学人类学研究所于1983年由教育部批准成立,是厦门大学部批的五个研究所之一,其学术渊源和机构基础可以追溯至著名的人类学家林惠祥先生于1934年创办的私立厦门人类博物馆筹备处和1951年中央高教部批准成立的厦门大学人类博物馆筹备处以及50年代厦门大学历史系的考古学、民族学专门化等。1984年2月,厦门大学人类学研究所正式成立,下设人类学与考古学两个研究室,从事文化人类学和考古人类学的研究,以及中国民族史、文化人类学、考古人类学研究生的教学工作。1994年7月,厦门大学人类学系停止招收本科生,考古学专业归并于历史系,人类学专业的教学人员均转到人类博物馆与人类学研究所，继续从事人类学的研究以及中国民族史和文化人类学方向研究生的培养。2006年，厦门大学人类学与民族学系恢复，自此恢复了系、所、馆三位一体的建制体系。人类学研究所现下设生物人类学、考古人类学和语言人类学三个实验室，从事人类学四分支——文化、体质、语言和考古研究。学院成立时，人类学研究所有教师4人，其中教授2人，助理教授2人。

二、历任党政领导

(一)社会学系与社会工作系历任党政领导

1.1921—1930年：历史社会学系主任——徐声金

徐声金简介：徐声金(1874—1958)，曾于1905年留学日本，后又到美国留学，获美国哥伦比亚大学社会学博士学位，是我国留学生获该大学社会学博士学位的第二人，他的博士论文题目为《中国家庭制度》("The Chinese Family System")。1924年，厦门大学设立历史社会学系，徐声金担任系主任。

2.1931—1937年：社会学系主任——林惠祥

1931年，著名人类学家、社会学家林惠祥任历史社会学系主任。

林惠祥简介：林惠祥(1901—1958)，1926年毕业于厦门大学，1928年毕业于菲律宾大学，获人类学硕士学位。1931年任厦门大学历史社会学系主任、教授，是我国著名人类学家、考古学家、民俗学家、民间文艺理论家。

3.2000—2004年：社会学系主任——张友琴，副系主任——胡荣

2000年在人文学院设立社会学系。张友琴任社会学系主任，胡荣任副系主任。

张友琴简介：学士(厦门大学)，教授(博士生导师)。曾兼任教育部社会学学科教学指导委员会委员、中国社会工作教育协会副会长、中国社会学学会常务理事、厦门市老年学学会副会长等。主要研究领域为社会政策、社会保障与社会福利、老年社会工作。1982年年初回校后留校任教，2000年任厦门大学社会学系主任。

胡荣简介：博士（香港城市大学），教育部长江学者特聘教授（博士生导师，社会学博士后流动站合作导师），任中国社会学会副会长、教育部社会学学科教学指导委员会副主任委员，福建省社会学会会长。1986 年进入厦门大学任教，主要研究领域为村级选举、社会资本与政治信任。2003 年 7 月至 2004 年 3 月任社会学系副系主任。后任社会学与社会工作系系主任、公共事务学院副院长、社会与人类学院院长等职。

4.2003 年公共事务学院成立，社会学与社会工作系隶属于公共事务学院

(1)2004.4—2008.1：系主任——胡荣，副系主任——周志家

胡荣简介：同前。

周志家简介：博士（德国比勒费尔德大学），副教授，福建省新世纪优秀人才，兼任中国社会学会理事等职。主要研究领域为环境社会学、科学社会学。2002 年进入厦门大学任教，2004 年 4 月任社会学与社会工作系副主任。

(2)2008.2—2013.2：系主任——徐延辉，副系主任——易林

徐延辉简介：博士（辽宁大学），教授（博士生导师，社会学博士后流动站合作导师），教育部新世纪优秀人才。主要研究领域为经济社会学与社会政策。2004 年进入厦门大学任教，2008 年至 2012 年担任社会学与社会工作系主任。后任厦门大学公共事务学院副院长、社会与人类学院副院长等职。

易林简介：博士（英国布里斯托大学），教授（博士生导师，社会学博士后流动站合作导师），中国社会学会文化社会学专业委员会副理事长。主要研究现代性下文化与政治的交错互动。2006 年底至今在厦门大学社会学系任教。2008 年至 2012 年担任厦门大学社会学与社会工作系副系主任。2018 年任社会学系主任。

(3)2013.3—2018.3：副系主任——周志家（主持工作）、戴小力

周志家简介：同前。

戴小力简介：硕士（厦门大学），副教授，厦门市心理学会副理事长。主要研究领域为社会心理学、心理咨询。2013 年任社会学与社会工作系副主任。

(4)2018.4—2018.11:系主任——易林,副系主任——魏爱棠

易林简介:同前。

魏爱棠简介:博士(厦门大学),教授。主要研究领域为社区工作、文化与社会工作伦理、文化遗产的人类学研究。厦门大学社会学系组建之初便加入社会学系。2018年4月至2018年12月任社会学与社会工作系副主任,2019年起任社会工作系副主任。

5.2018年11月,社会与人类学院成立,分设社会学系与社会工作系。学院初创时期,社会学系由易林任主任,陈福平任副主任;社会工作系由童敏任主任,魏爱棠任副主任。

易林简介:同前。

陈福平简介:博士(中山大学),教授,福建省社会学会秘书长,入选福建省杰出青年科研人才项目。2010年进入厦门大学担任教职。主要研究领域为城市社会学、网络社会学。2020年1月起任社会学系副主任。

童敏简介:博士(香港理工大学),教授(博士生导师,社会学博士后流动站合作导师),教育部社会工作专业学位指导委员会委员。1994年起任教于社会工作专业,主要研究领域为社会工作。2019年起任社会工作系主任。

魏爱棠简介:同前。

(二)人类学与民族学系历任党政领导

1.1921—1930年:历史社会学系主任——徐声金

徐声金简介:同前。

2.1931—1937年:社会学系主任——林惠祥

林惠祥简介:同前。

3.1937—1945年:

1937年厦门大学改国立大学后,历史社会学系停办,只有历史学系。1938年:系主任——吴士栋。

吴士栋简介:吴士栋(19C3—1986),1923年毕业于清华学校高等专科,后赴美国留学,先后在芝加哥大学和哈佛大学获哲学学士和硕士学

位,1927 年入哥伦比亚大学研究院学习。一生从事逻辑学、哲学、历史学研究,先后执教于河南大学、复旦大学、大同大学、中国公学、浙江大学。1937—1945 年任厦门大学历史系教授、系主任。

4.1945—1949 年:文学院历史学系

(1)1945 年:谷霁光任系主任

谷霁光简介:谷霁光(1907—1993),1933 年毕业于清华大学历史系,留校任教。曾任南开大学讲师,厦门大学教授,中正大学教授、系主任。新中国成立后,历任江西师范学院教授、教务长,江西省教育厅副厅长,江西大学副校长、校长、名誉校长等重要职务。长期从事中国古代兵制史、经济史的研究和教学。1945 年任文学院历史学系系主任。

(2)1945 年:叶国庆代理系主任

叶国庆简介:叶国庆(1901—2001),1921 年考入厦门大学教育系,1926 年厦门大学毕业后留校任教,不久转到石码石溪中学、漳州省立第八初级中学和厦南女子中学等校任教。1930 年因受顾颉刚、林语堂等影响,报考燕京大学历史研究部研究生,师从我国著名民间文艺学家顾颉刚、许地山等教授。1932 年重返厦门大学任教,历任历史系讲师、教授及人类博物馆馆长等职。1945 年代理系主任。

(3)1946 年:谢兆熊任系主任

(4)1947 年:罗志甫任系主任

罗志甫简介:罗志甫(1898—1988),1920 年就读于北京大学哲学系,并参加鲁迅和爱罗先珂开办的北京世界语专门学校的教学工作。1922 年赴法国勤工俭学,先后取得里昂大学和土鲁斯大学硕士学位。最后在巴黎大学研究院攻读博士学位。1929 年回国从事高等院校西洋史的教学与研究工作,历任中法大学、中山大学、厦门大学、北京师范大学等校教授,并在贵阳师范学院和厦门大学兼历史系主任。

(5)1949年:叶国庆任系主任

叶国庆简介:同前。

5.1950—1966年:历史系

(1)1950年:林惠祥任系主任

林惠祥简介:同前。

(2)1952年:傅家麟任系主任

傅家麟简介:傅家麟(1911—1988),1934年毕业于厦门大学历史系。1937年毕业于日本法政大学研究院。曾任福建学院副教授。新中国成立后,历任厦门大学教授、历史系主任、副校长,中国经济史博士生导师。福建历史学会第一至三届会长。第五、六届全国政协委员。长期从事中国古代史、中国社会经济史的教学与研究工作,尤注重发掘、整理和利用民间古籍文献资料,专于明清社会经济史。1952年任历史系主任。

6."文革"期间(1966—1976年):历史系

(1)1966年6月:系主任:傅家麟;党总支书记:李金培

傅家麟简介:同前。

(2)1969年:历史系革命领导小组:郝殿新(军)、洪桂芳

(3)1970年:中文、历史合并,文史系革命领导小组:韩义文(军)、蔡铁民、洪桂芳

(4)1973年3月:系主任:陈在正;系党总支书记:洪桂芳(1972年支部书记)、王金海(起任时间:1973年)

陈在正简介:1951年毕业于厦门大学历史系,后留校从事中国近代史的教学和台湾史的研究。为厦门大学台湾研究所研究员,曾任历史系主任、台湾研究所所长等职。

7.改革开放十年(1977—1987年):历史系

(1)系主任:陈在正(起任时间:1977年)、陈碧笙(起任时间:1981年)、陈诗启(起任时间:1982年,代理);党总支书记:王金海(起任时间:1977年)、林耀欣(起任时间:1978年,副职)、许宏业(起任时间:1981年)

陈在正简介:同前。

陈碧笙简介:陈碧笙(19C8—1998),1932年毕业于日本早稻田大学政治学

部。1924 年 7 月至 1926 年底在上海公学大学部经济系肄业，其后东渡日本，就读于早稻田大学，获政治学学士学位。后回国任上海暨南大学经济系教授。新中国成立后，历任厦门大学教授、历史系主任、台湾研究所所长，中国华侨历史学会第一届副会长，中国东南亚研究会第三届副理事长，民盟第一届中央参议员、第五届中央委员。专于台湾史、华侨史、泰国史。1981 年任历史系主任。

陈诗启简介：陈诗启（1915—2012），毕业于厦门大学历史系，文学士。中国海关史研究专家，厦门大学历史系教授。厦门市政协委员，中国海关学会理事，《中国社会经济史研究》顾问等。曾任厦门大学中国海关史研究中心主任、名誉主任。1982 年任厦门大学历史系（代理）系主任。

（2）1984 年 11 月，学校增设人类学系

系主任：陈国强（起任时间：1984 年）、叶文程（起任时间：1987 年）、李家添（起任时间：1997 年）、吴绵吉（起任时间：1993 年）；党支部书记：江炳荣（起任时间：1984 年）

人类学研究所所长：陈国强（起任时间：1984 年）、蒋炳钊（起任时间：1987 年）

副系主任：叶文程、李家添、吴绵吉、郭志超（起任时间：1987 年）、钟礼强（起任时间：1987 年）

陈国强简介：陈国强（1931—2004），1951 年毕业于厦门大学历史系，后留校担任著名人类学家林惠祥教授的助手，开始从事人类学、民族学的教学研究工作。曾担任中国人类学学会会长、福建省民俗学会会长。历任厦门大学历史系系副主任，历史研究所副主任、副研究员，人类学系教授兼系主任，人类博物馆馆长。1987 年任厦门大学研究生院副院长。1984 年任人类学研究所所长。

叶文程简介：1956 年毕业于厦门大学历史系，厦门大学人类学系教授，长期从事中国古陶瓷和古外销陶瓷研究工作，在陶瓷鉴定和考古方面有很深的造诣，任中国古陶瓷研究会会长及秘书长、福建省

考古博物馆学会副理事长等职。1987 年至 1992 年担任人类学系系主任，并曾担任人类博物馆副馆长等职。

李家添简介：1992 年担任系代主任，一年后移居香港。

吴绵吉简介：1957 年毕业于厦门大学历史系，后到北京原中国科学院考古研究所工作。1961 年调回厦门大学工作，先后在历史系、人类学系、人类学研究所工作至退休，厦门大学人类学系教授，长期从事人类学教学与研究。曾任厦门大学客家研究中心副主任等职位。1993 年至 1994 年任厦门大学人类学系主任。

蒋炳钊简介：蒋炳钊（1932—2017），1956 年就读于厦门大学历史系副博士研究生，1959 年因导师逝世，提前毕业留校任教。1970 年下放连城两年，1972 年调回原单位。先后在厦门大学人类博物馆、历史系、人类学研究所任教。厦门大学人类学系教授。长期从事高校的教学和研究工作。1987 年任人类学研究所所长。

郭志超简介：郭志超（1949—2019），1977 年进入厦门大学历史学本科专业学习，本科毕业后师从陈国强教授攻读人类学方面的硕士，1984 年获得中国民族史专业的历史学硕士学位。厦门大学人类学系教授、博士生导师。1984 年留校在人类学系从事人类学教学与科研。1988—1989 年赴菲律宾雅典耀大学研究生院进修人类学。兼任福建省民俗学会副会长、中国都市人类学学会理事。主要从事东南民族史和人类学研究方法的科研与教学。1994 年任人类学研究所代所长。

钟礼强简介：1976 年毕业于厦门大学考古学专业。1987 年后担任人类学系副主任，负责考古学专业的教务工作。主要从事中国东南考古的教学与科研活动。长期担任厦门大学考古学专业教授。

8.人类学研究所时期（1994—2004 年）

邓晓华任党支部书记，郭志超任人类学研究所代所长。

邓晓华简介：博士（华中科技大学）。厦门大学人类学系教授，兼任中国人类学学会秘书长、中国博物馆学会理事、中国民族学学会理事、中国人类学民族学研究会理事、中国汉民族学会常务理事、中国民族语言学会理事。主要从事比较语言学、汉语方言学、人类学、族群关系与族群理论、文化遗产、博物馆学的科研与教学。

郭志超简介：同前。

9.复办人类学系，更名为人类学与民族学系（2005—2018年）

（1）2005—2008年：系主任：彭兆荣；系副主任：蓝达居（兼任党支部书记）

彭兆荣简介：博士（四川大学）、教授、博士生导师，曾任厦门大学人类学系主任兼人类学研究所所长、厦门大学旅游人类学研究中心主任、中国人类学学会副秘书长、中国文学人类学研究会副会长兼秘书长、中国艺术人类学研究会副会长、北京大学特聘项目博士生指导教授、四川大学文学与人类学研究所教授。2005年任人类学与民族学系系主任。

蓝达居简介：博士（厦门大学），副教授。主要研究方向有历史人类学、经济人类学、文化人类学、东南民族史等。2005—2017年兼任中国百越民族史研究会秘书长，2018年至今兼任中国百越民族史研究会副会长。2005年任人类学与民族学系系副主任。

（2）2008—2012年：系主任：曾少聪；系副主任：蓝达居（兼任党支部书记）

曾少聪简介：博士（厦门大学），教授。1987年1月至1999年10月，在厦门大学人类学系、历史系任教。曾任中国社会科学院民族学与人类学研究所新疆历史与发展研究室主任，兼任中国社会科学院海外华人研究中心秘书长、中国民族学学会汉民族分会常务副会长兼秘书长、中国西南民族研究学会副会长、中国世界民族研究学会常务理事、福建省民俗学会会长，厦门大学、暨南大学等高校兼职教授。2008年至2012年任人类学与民族学系系主任。

蓝达居简介：同前。

（3）2012—2018年：系主任：张先清；系副主任：俞云平

张先清简介：博士（厦门大学），厦门大学特聘教授（博士生导师），教育部新世纪优秀人才，福建省哲学社会科学领军人才，教育部高等学校民族学类专业教学指导委员会委员。目前主要从事历史人类学、宗教人类学、博物馆人类学、华南民间文化、民族学理论及南方民族史方面的研究。2012年至2018年任人类学与民族学系系主任。

俞云平简介：硕士（厦门大学），副教授。1988年留校任教，主要研究方向有世界民族研究、社会人类学侨乡研究。2012—2018年任人类学与民族学系系副主任。

（4）2018年—　：系主任：张亚辉；系副主任：杨晋涛

人类学研究所所长：王传超

张亚辉简介：博士（北京大学），教授（博士生导师）。2016年11月起，任厦门大学人类学与民族学系教授，主要研究方向是宗教人类学、历史人类学。2018年起任人类学与民族学系系主任。

杨晋涛简介：博士（北京大学），副教授。主要研究领域为医学人类学、老龄化和老年人研究、中国东南少数民族和汉族研究、东南亚华人研究等。2018年起任人类学与民族学系系副主任。

王传超简介：博士（复旦大学），厦门大学人类学研究所教授，主要研究领域为从古DNA和群体遗传学与语言学、历史学、考古学的交叉研究来解析东亚古今各族群的起源、迁徙、演化和混合过程。2018年起担任人类学研究所所长。

（三）人口与生态研究所历任党政领导

人口与生态研究所历任领导有：黄志贤（任职时间：1981—1986年）、陈永山（任职时间：1987年1—8月）、李绪蔼（任职时间：1987年9月—1993年9月）、曾昭磐（任职时间：1993年10月—1996年9月）、林擎国（任职时间：1996年10月—2003年6月）、叶文振（任职时间：2003年7—12月）、李明欢（任职时间：2004年1月—2011年）、周志家（任职时间：2011年—2018年）、龚文娟（任职时间：2019年—　）。

黄志贤简介：黄志贤（1926—2019），1946年—1949年5月，就读于厦门大学经济系。1950年7月—1952年7月，在厦门大学经济系学习，兼任厦门市学联主席。大学毕业后留校任教。历任厦门大学马列室党支部书记，厦门大学经济系系总支副书记、代总支书记，校党委委员，教学和科研部副部长，厦门大学人口研究室主任,兼任福建省人口学会会长、福建省经济学会副会长、中华外国经济学说研究会理事。1981—1986 年任人口研究室主任。

陈永山简介:硕士(中山大学),教授。1955 年到厦门大学任教,曾任经济学院副院长,现为厦门大学教授。1992 年享受国务院特殊津贴。1987 年 1—8 月任人口研究室主任。

李绪蔼简介:硕士(中山大学),教授。曾任厦门大学经济系主任、人口研究室主任。长期在厦门大学经济系从事教学和科研工作。曾任全国综合大学《资本论》研究会副会长、福建省经济学会《资本论》研究会和福建省工商管理学会顾问、厦门市证券监督委员会顾问等。1987 年 9 月—1993 年 9 月任人口研究室主任。

曾昭磐简介:1960 年毕业于厦门大学数学系,现为厦门大学自动化系教授,长期从事数学、控制理论、系统工程的教学和科研工作。曾获福建省高教厅科技成果奖,1997 年获福建省科普工作先进个人称号。兼任福建省科协常务委员、福建省系统工程学会理事长等职。1993 年 10 月—1996 年 9 月任人口研究所所长。

林擎国简介:教授(博士生导师)。曾任厦门大学经济学院计统系系副主任、院长助理、工商管理教育中心代主任、副院长兼人口研究所所长,《厦门大学学报(哲社版)》副主编。主要致力于利用经济与人口核算的基本知识、技能和资料,围绕可持续发展的理论与实践,进行宏微观经济社会运行和投资分析。1996 年 10 月—2003 年 6 月任人口研究所所长。

叶文振简介:博士(美国犹他大学),教授(博士生导师),享受国务院政府特殊津贴专家,中国妇女研究会副会长。主要研究领域为跨学科与多学科的婚姻家庭与妇女发展研究。1981 年人口研究所成立后引进的首批学者;2003 年 7—12 月任人口研究所所长。

李明欢简介:博士(荷兰阿姆斯特丹大学),教授(博士生导师),中国华侨历史学会副会长,享受国务院政府特殊津贴专家。1981 年人口与生态研究所成立后引进的首批学者,2004—2011 年任人口研究所所长。

周志家简介:同前。

龚文娟简介:博士(中国人民大学),副教授。中国社会学会环境社会学专业委员会副秘书长。主要研究领域为环境社会学。2009 年进入厦门大学担任教职,2019 年起任人口与生态研究所所长。

(四)社会与人类学院第一届党政领导

2018 年 11 月,社会与人类学院成立。第一届党政领导为:

党委书记:谢银辉

谢银辉简介:1987 年毕业于厦门大学历史学专业,获历史学学士;1998 年毕业于厦门大学工商管理专业,获工商管理硕士学位;曾任厦门大学外事办公室文秘,校长办公室副科长,工商管理教育中心直属党支部书记,工商管理学院、管理学院和软件学院党总支副书记,厦门大学漳州校区学工办主任,漳州校区学生园区党总支书记,厦门大学漳州校区党工委副书记,厦门大学后勤集团总经理,厦门大学资产与后勤事务管理处处长等职。2018 年 12 月起,任厦门大学社会与人类学院党委书记。

院长:胡荣

胡荣简介:同前。

党委副书记:陈夷、毛毛

陈夷简介:1995 年毕业于厦门大学化学工程与工艺专业,获工学学士学位;1998 年毕业于厦门大学物理化学专业,获工学硕士学位;历任厦门大学化学工程系辅导员、厦门大学化学化工学院团委副书记兼辅导员、厦门大学药学院党委副书记、厦门大学外文学院团委书记、厦门大学漳州平和团县委副书记(挂职)、厦门大学化学化工学院团委书记兼辅导员。2019 年 6 月起,任厦门大学社会与人类学院党委副书记。

毛毛简介:2002 年毕业于厦门大学广播电视新闻专业,获文学学士学位;2012 年毕业于厦门大学体育教育训练专业,获教育学硕士学位。历任厦门大学生命科学学院辅导员、厦门大学生命科学学院团委副书记、新疆维吾尔自治区昌吉市团委副书记(挂职)、厦门大学生命科学学院团委书记。2019 年 6 月起,任厦门大学社会与人类学院党委副书记。

副院长:徐延辉、张先清、冯文晖

徐延辉简介:同前。

张先清简介:同前。

冯文晖简介:1991 年毕业于厦门大学计统学专业,获经济学学士学位;1999 年毕业于厦门大学金融学专业,获经济学硕士学位。历任厦门大学科研处计划科科员,厦门大学社科处计划科副科长,厦门大学科研处(体制改革科技社科合署办公时期)哲社科副科长,厦门大学社科处哲社科副科长、科长,厦门大学社科处副处长。2020 年 7 月至今,任厦门大学社会与人类学院副院长。

第三部分
师资队伍

为了进一步深化教师聘任制度改革，规范教师职务聘任工作，加强师资队伍建设，厦门大学相继出台了《厦门大学教职员工聘用制度试行办法》（厦门大学人〔2005〕53号）；《厦门大学教师职务聘任条例（2011年12月修订）》（厦门大学人〔2011〕177号）；《厦门大学新聘教师任职条件补充规定》（厦门大学人〔2013〕120号）；《〈厦门大学新聘教师任职条件补充规定〉暂行办法》（厦门大学人〔2013〕132号）；《〈厦门大学教师职务聘任条例〉中聘任组织与聘任程序规定的实施细则》（厦门大学人〔2013〕151号）；《厦门大学南强青年拔尖人才支持计划》（厦门大学人（2018）2号）等文件。社会与人类学院参照厦门大学规定对教授、副教授、助理教授等的任职和聘任条件进行了规定，并制定了《社会与人类学院新聘人员条件及要求》，人才类型主要分为南强青年拔尖A类人才、南强青年拔尖B类人才、专任教师岗位和博士后。

一、师资引进与培养

（一）重视师资队伍的培养提升

社会与人类学院各系自设置以来一直重视师资队伍的培养，以全面提高教师队伍素质为中心，培养中青年学科带头人和骨干教师，有效发挥学科带头人和学术带头人的作用，促进学科内部的互动合一。在学科建设过程中，学科带头人和学术带头人起到了较好的示范和组织作用，推动了学科和师资团队在科研和教学以及学术交流等方面的发展，提升了学科的影响力。在带头人的引领下，注重培养和提高中青年教师的能力和综合素质，以此构建起知识、年龄、职称结构配置合理的学科团队。

同时，学院积极创造吸引人才、留住人才和人才健康成长的良好运行机制。学院采取立足国内培养、输送出国进修访问、引进人才等途径来优化研究队伍，加大对中青年学术骨干的培养力度，通过设立"青年教师出国进修计划"和"青年教师攻博计划"，公派、选拔或资助骨干教师作为高中级访问学者到国内外一流大学进行学术交流、讲学或进修和合作研究。自 2012 年以来，"依托青年学者出国进修计划"等项目，已输送多名教师到英国、美国等国的著名大学进行讲学或进修和合作研究。

（二）吸引海外留学人员加盟

通过精心选拔，引进了海外多名高级人才加盟师资队伍。2000 年 3 月，胡荣获香港城市大学博士学位，并回校任教。2002 年引进在德国比勒费尔德获得博士学位的周志家博士，2005 年引进在日本山口大学获得博士学位的张云武博士。2006 年引进在英国布里斯托大学获得博士学位的易林博士。2010 年以后，香港大学、香港中文大学、美国爱荷华大学等校留学人员加盟。

（三）聘请外籍教师充实师资队伍

为充实师资队伍，并力争在教学科研上与国际接轨，2000 年以来，引进了多位外籍教师。Terrence 于 2003 年至 2004 年间任教于社会学专业，Larry Lake 于 2008 年至 2010 年任教于社会学与社会工作系。Angela Ann Lehmann 于 2013 年至 2017 年任教于社会学与社会工作系。2016 年，人类学系引进特聘教授高畅（Augustin Holl）教授。

（四）聘请兼职教授和客座教授

社会学与社会工作专业在设置后，先后聘请了新加坡国立大学陈伍强教授、翁约翰教授，香港理工大学徐明心教授和叶锦成教授，香港城市大学的关锐煊教授等为客座教授。

二、社会学与社会工作师资情况

厦门大学在建校之初设立历史社会学系之后，顾颉刚、容肇祖、史禄国等学者都曾在厦门大学任教。徐声金、林惠祥、吴士栋等曾先后任系主任。

1981 年，人口研究室成立，1984 年，人口与生态研究所成立。

1993 年经教育部批准，厦门大学在哲学系正式设立社会工作专业，1994 年正式招收第一批社会工作专业本科生，当时的主要师资是张友琴、戴小力、童敏、张时飞、欧阳马田、胡荣、黄河。

2000 年 3 月在社会工作专业的基础上组建社会学系，隶属人文学院。主要师资包括张友琴、戴小力、童敏、张文霞、欧阳马田、胡荣、黄河、魏爱棠、李瑞昌、朱冬亮、梁茂春、何汇江。根据厦门大学人才引进政策，2002 年引进在德国获得博士学位的周志家博士。在这一阶段，先后聘请新加坡国立大学陈伍强教授、翁约翰教授，香港理工大学徐明心教授和叶锦成教授，香港城市大学的关锐煊教授等为客座教授。

2003 年，社会学系与原厦门大学政治学系、人口与生态研究所共同组建厦门大学公共事务学院。社会学系主要教师包括：张友琴、戴小力、童敏、张文霞、欧阳马田、胡荣、黄河、魏爱棠、李瑞昌、朱冬亮、梁茂春、何汇江、周志家、李明欢。其中，具有博士学位的 6 人，具有硕士学位 7 人。

根据厦门大学人才引进政策，2004 年引进徐延辉教授，2005 年引进在日本获得博士学位的张云武博士，2006 年引进在英国获得博士学位的易林博士。2006 年以来，师资队伍进一步扩充，并形成较为稳定的人才梯队。主要教师包括：胡荣、张友琴、徐延辉、童敏、戴小力、欧阳马田、魏爱棠、周志家、张云武、易林、唐美玲、郑思明、陈福平、张洋勇、Angela Ann Lehmann、阳妙艳、杨凌燕、刘子曦、卜玉梅、潘海敏、卢玮、陈祺祺、汪子臻，兼职教师有叶文振教授与朱冬亮教授。

三、人类学与民族学师资情况

厦门大学人类学发展已近百年，历经多个发展阶段，师资传承如下。

1922 年创办之初，著名学者徐金声、林幽等前来厦门大学，为厦门大学社会学与人类学的发展播下第一颗种子。1926 年，厦门大学成立国学研究院，吸引俄国人类学家史禄国前来任教。1931 年，曾为厦门大学第一个文科毕业生林惠祥回校任教。1931 年至 1937 年间，人类学学科主要任课师资包括徐声金、史禄国、林惠祥、张镜予、李式金、林幽等。1946 年，庄为玑来校任教。1951 至 1958 年间，受林惠祥先生培养的陈国强、叶文程、蒋炳钊留校任教，吴绵吉由北京考古所调入，开创中华人民共和国成立之后厦门大学人类学、考古学、民族学的新一派，并逐渐成长为教学科研中坚力量。1960 年代，李家添、施勇云、辛土成等老师加入人类学。主要教师有陈国强、蒋炳钊、吴绵吉、李家添、辛土成、庄为玑、施勇云。

1984 年，陈国强任人类学系创系系主任，在整个 80 年代，曾惜惜、唐杏煌、庄锦辉、钟礼强、吴诗池、吴孙权、陈群、石奕龙、傅朗、郭志超、潘宏立、邓晓华、范可、曾少聪、俞云平、董建辉、吴春明等教师青年力量加盟，其中年轻者有超过 7 成拥有硕士学历。主要教师有陈国强、蒋炳钊、吴绵吉、李家添、辛土成、庄为玑、施勇云、陈群、石奕龙、傅朗、郭志超、潘宏立、邓晓华、范可、曾少聪、俞云平、曾惜惜、董建辉、唐杏煌、庄锦辉、钟礼强、吴诗池、吴孙权、吴春明。

1990 年代开始，另有蓝达居、黄向春、李文睿、刘朝晖、张宏明等留校任教，1994 年调入彭兆荣、蔡保全，1998 年引进康奈尔大学人类学博士谭乐山，其中拥有博士学位的师资力量不断增强。教师队伍不断壮大。主要教师有陈国强、蒋炳钊、吴绵吉、辛土成、庄为玑、陈群、石奕龙、郭志超、彭兆荣、潘宏立、邓晓华、曾少聪、俞云平、曾惜惜、蓝达居、刘朝晖。

2001 年，拥有日本留学经历的朱家骏博士与林琦博士、林红博士加盟，2002 年引入北京大学博士杨晋涛，2003 年张先清博士留校任教，2007 年，林红博士自日本留学归国后加盟，2008 年，台湾“中研院”民族所余光弘教授以校特聘教授身份加盟人类学系，进一步增强人类学学科师资实力，2008 年刘家军留校。

2009年引进王平博士。主要教师有余光弘、曾少聪、石奕龙、彭兆荣、邓晓华、郭志超、董建辉、张先清、朱家俊、林红、汪晓云、黄向春、蓝达居、杨晋涛、俞云平、林琦、黄鹤、王平等。

随着学科不断发展，拥有海外背景的教师数量不断增多，国际化视野不断提升，引进了一大批海外著名高校博士生乃至外籍人员，如张志培博士(港籍)、高信杰博士(台籍)分别于2012年、2013年加盟。牛津大学博士Ryan Gene Hornbeck(何瑞恩，美籍)、昆士兰大学博士Alex K. Gearin(沐言，澳籍)于2017年加盟。2011年引进杜树海博士、葛荣玲博士，2012年引进宋雷鸣博士、冯莎博士。另一方面，体质人类学分支队伍也不断壮大。2016年，胡荣博士加盟，2017年引入哈佛大学医学院、德国马普研究中心博士后王传超，2018年引入法国国立东方语言文化学院博士后韦兰海。在高层次人才方面，2016年引入南强青年拔尖A类人才张亚辉教授，2017年，巴黎第十大学前副校长、密歇根大学原教授Augustin Holl(高畅)教授全职加盟。2020年，南强青年拔尖A类人才、原中央民族大学龚浩群教授加盟。主要教师有石奕龙、彭兆荣、邓晓华、郭志超、董建辉、张先清、张亚辉、王传超、朱家俊、林红、汪晓云、黄向春、蓝达居、杨晋涛、俞云平、林琦、黄鹤、刘家军、王平、黄向春、杜树海、葛荣玲、宋雷鸣、张志培、高信杰、冯莎、胡荣、Augustin Holl(高畅)、Ryan Gene Hornbeck(何瑞恩)、Alex K. Gearin(沐言)、韦兰海、李晋等。

四、人口与生态研究所师资情况

1981年，人口研究室成立，下设人口学专业。主要研究人员有黄志贤、陈永山、李绪蔼、郑建斌、郑文礼、郑新风等。之后，人口所逐步引进了叶文振、郑启五、徐辉、李明欢、王德文、陈茗、丁煜等国内外优秀学者。

2003年，人口研究所与原厦门大学社会学系、政治学系共同组建厦门大学公共事务学院。人口研究所主要研究人员包括：叶文振、郑启五、李明欢、王德文、陈茗、沈小波。2009年引进龚文娟博士。

2011年，人口研究所更名为人口与生态研究所，隶属于公共政策研究院。新学院成立后，沿用此名。主要研究人员包括：李明欢、郑启五、陈茗、龚文娟。

2012 年引进任锋博士。2020 年引进常青松博士。

五、社会与人类学院成立后在职教师

社会学系在职教师：胡荣、徐延辉、易林、陈福平、周志家、唐美玲、阳妙艳、刘子曦、卜玉梅、吴胜涛、欧阳马田、汪子臻。

人类学与民族学系在职教师：邓晓华、张先清、张亚辉、龚浩群、俞云平、蓝达居、林琦、杨晋涛、王平、葛荣玲、宋雷鸣、刘家军、黄鹤、冯莎、张志培、高信杰、Ryan Gene Hornbeck（何瑞恩）、Alex K. Gearin（沐言）、李晋。

社会工作系在职教师：童敏、魏爱棠、曾华源、戴小力、郑思明、张洋勇、杨凌燕、潘海敏、卢玮、陈祺祺。

人口与生态研究所在职教师：龚文娟、任锋、常青松。

人类学研究所在职教师：王传超、Augustin Holl（高畅）、韦兰海、胡荣。

第四部分
学科发展

一、硕士授权点及其人才培养特色

(一)社会学硕士点建设

2006年,厦门大学社会学获社会学一级学科硕士点授权。社会学系致力于培养具有良好的综合素质,具有扎实的专业基础,熟练掌握社会学及相关学科的基本理论和方法,掌握社会学的基本研究方法和社会调查技术,熟悉本学科的前沿动态和发展趋势,具有较好的科学研究和学术论文写作能力,能够胜任高校、科研机构、党政机关、企事业单位等部门工作的高级专门人才。

社会学系招生非常注重考生的专业基础和社会调查能力。为保证生源质量,社会学系采取了如下措施:(1)加大招生宣传力度,与国内主要高校建立亲密联系;(2)举办夏令营,邀请优秀本科生参加;(3)重视命题和面试环节,注重考察考生的专业知识和研究能力。

硕士培养采取“小而精”的发展策略,每年报考社会学、人口学的考生约为50～70人,录取比例大约为1∶10。每年约有12人通过保送推荐与研究生考试进入厦门大学社会学攻读硕士学位。

社会学系实行“严进严出”的管理制度,严格要求研究生的课程研修、开题报告、论文送审、论文答辩等程序与环节。不合格者,将采取延期毕业、劝退等方式分流淘汰。

自2006年以来,为了更好地完善研究生培养制度,已对硕士研究生培养方案进行四次修订。修订的年份分别为2006年、2009年、2014年、2019年。

1.硕士培养方向的确定和调整

按照2006年硕士培养方案的规定，社会学与社会工作系与人口与生态研究所招收社会学专业和人口学专业硕士研究生。社会学下设农村社会学、社会政策、环境社会学、社会工作四个研究方向。

2009年起，社会学下设政治治理和公民参与，环境、风险与科学，教育、发展与性别，社会政策与社会保障，社会工作五个研究方向。

政治治理和公民参与。本项研究的内容包括如下几个方面：第一，村民自治。本方向教师在村民自治领域出版多部著作，在国内处于领先地位。第二，社会资本。相关教师运用帕特南的社会资本理论在中国进行了开拓性的研究，发表多篇研究论文，分析社会资本对村级选举中参与及城市居民政治参与的影响。第三，公民权利与政治参与。包括城市居民的政治参与及公民社会的构建。第四，政治信任。主要侧重研究农民上访对于政府信任所产生的影响。第五，农村土地与林权制度。研究农村土地制度变迁以及林权制度改革。本研究方向将进一步整合厦门大学相关专业研究力量，立足福建，面向全国，加强国际的学术交流与合作。特别是通过对中国农村社会的研究，不仅可丰富和发展社会学理论，而且可以为政府部门提供决策参考意见。

环境、风险与科学。“环境、风险与科学”涉及的是环境社会学、风险社会学和科学社会学这三个紧密联系的三个社会学分支学科。其中，环境社会学的研究对象为社会发展与环境保护的相互关系，主要目的是讨论生态问题产生的社会原因，以及当代社会克服生态危机的可能性和对策。风险社会学探讨的是随着科技的发展和现代化的推进而导致的社会复杂程度的提高、不确定性的增加及其对社会的影响。而科学社会学的任务是研究科学与社会发展之间的相互关系。作为一个教学与研究方向，“环境、风险与科学”主要关注三个分支学科之间的交叉问题，即环境风险的社会属性、治理机制和科学的作用。本方向的主要研究议题包括：环境社会学理论、风险社会学理论、环境问题的属性、环境意识与环境行为、环境政策、企业环境管理、环保运动与公众参与、环保非政府组织、技术与环境标准、环境公正、环境新闻、科学与环境风险治理等。

教育、发展与性别。教育是民族国家最主要的公共制度之一。社会学对教育功能和教育影响的研究涉及社会理论和政策发展两个方面。现阶段最主要的一个研究问题是:教育在哪种程度上改善或者强化了民族国家内部的阶层之间、性别之间以及民族之间的不平等?另外一个主要问题是:教育在国家建设与经济和文化全球化的交互关系中扮演何种角色,并且又如何与全球不平等的历史紧密相连?本研究方向主要探讨:(1)知识的社会组织和文化组织;(2)可供社会制度与教育制度选择的其他种类的文化。

社会政策与社会保障。本方向主要研究的内容包括:第一,社会福利理论。本方向教师在社会福利理论、福利国家、社会保障制度建设等宏观理论研究方面发表多篇成果,在国内同行当中具有一定影响。第二,农民工的社会保障。相关教师在失地农民的社会保障方面、农民工的教育培训机会与其社会权利获得方面进行了实证研究,发表多篇研究论文。第三,人力资本与职业获得。包括失地农民和农民工的教育培训及其职业获得、城市融入等等。本研究方向整合全院社会保障博士点的研究力量,加强国际学术交流与合作。目前已经与台湾社会福利领域的知名学者和机构开始了合作与交流,未来几年将进一步加强闽台两地社会福利(即社会政策)领域的交流,通过对闽台两地社会政策比较研究,扩大在社会政策与社会保障研究领域的影响,研究成果不仅可丰富和发展社会政策理论,而且可以为民政部、人力资源与社会保障部门提供决策参考。

社会工作。通过本课程的学习和训练,希望学生掌握社会工作的基本原理,并在此基础上进一步了解最前沿的社会工作理论的发展流派和趋向;能够比较系统地、全面地把握和运用社会工作的理论知识,熟悉社会工作的各种重要的实际操作模式;并在实际的社会工作实务场景中学会结合所学理论开展社会工作的服务和研究。

2.课程教学

按照2006年制定的培养方案,从2006年到2013年,社会学硕士学制为2～3年(2009年以后,改为3年,最长5年)。在学期间,硕士生须修满36个学分,其中公共学位课(8学分)、专业学位课(15学分)、专业选修课(11学分),以及社会实践(2学分)。

2014年以来,社会学硕士学制为3年。为提升教学质量,学位点遵循“资源共享、硕博贯通、注重研究”等原则，修改完善了研究生培养方案，将硕博士课程糅合打通，构建了涵盖公共必修课、专业必修课、专业选修课等课程在内的多层次、多样化的课程体系。硕士：总学分≥31 学分，其中课程学分≥28 学分，其他培养环节 3 学分。

到 2019 年，社会学学术性硕士培养方案再次被修订。学制不变，依然为 3 年。在学期间，硕士：总学分≥26 学分，其中课程学分≥24 学分，其他培养环节学分≥2 学分。

自 2006 年以来，课程设置方面，也不断在完善。每次培养方案调整，针对硕士生所开设的课程大体不变，但少量课程有所调整(见表 1)。

表 1　社会学硕士课程设置(不包括公共学位课)

课程名称	课程类型	学分	任课教师
2006 年培养方案			
社会学理论	必修	3	周志家
社会学定量分析	必修	3	李春苗
社会学定性分析	必修	3	朱冬亮
政治社会学	必修	3	胡荣
社会政策研究	必修	3	张友琴
人口社会学	选修	2	叶文振
环境社会学	选修	2	周志家
社会工作理论	选修	2	童敏
经济社会学	选修	2	徐延辉
移民社会学的理论与实践	选修	2	李明欢
中国社会政策的理论与实践	选修	2	张友琴

续表

课程名称	课程类型	学分	任课教师
2009年培养方案			
当代社会学理论	必修	3	易林
定量研究方法	必修	3	胡荣
定性研究方法	必修	3	朱冬亮
社会统计学	必修	3	潘颖秋
社会学理论前沿	必修	3	胡荣、易林、周志家等
政治社会学	选修	2	胡荣
社会政策研究	选修	2	张友琴
人口社会学	选修	2	陈茗
环境社会学	选修	2	周志家
社会工作理论	选修	2	童敏、戴小力
经济社会学	选修	2	徐延辉
移民社会学的理论与实践	选修	2	李明欢
2014年培养方案			
定量研究方法	必修	3	胡荣
定性研究方法	必修	3	易林、Angela Ann Lehmann
社会统计学	必修	3	陈福平
社会学理论	必修	3	易林

续表

课程名称	课程类型	学分	任课教师
2014 年培养方案			
社会研究方法专题	专业	2	胡荣、易林、陈福平等
社会学理论前沿	专业	2	胡荣、易林、龚文娟等
社会政策研究	选修	2	徐延辉
人口社会学	选修	2	任锋
环境社会学	选修	2	周志家
社会工作理论	选修	2	童敏、戴小力
经济社会学	选修	2	徐延辉
政治社会学	选修	2	卜玉梅
移民社会学	选修	2	——
人口经济学	选修	2	陈茗
多层线性模型	选修	2	郭夏玫
社区研究方法	选修	2	Angela Ann Lehmann
城市社会学	选修	2	Angela Ann Lehmann
2019 年培养方案			
定量研究方法	必修	3	胡荣
定性研究方法	必修	3	刘子曦

续表

课程名称	课程类型	学分	任课教师
2019年培养方案			
社会统计学	必修	3	陈福平
社会理论	必修	3	易林
学术论文写作指导	必修	1	周志家
专业英语	必修	2	——
人口社会学	选修	2	任锋
环境社会学	选修	2	周志家
经济社会学	选修	2	徐延辉
政治社会学	选修	2	卜玉梅
农村社会学	选修	2	胡荣
文化社会学	选修	2	易林
移民社会学	选修	2	——
教育社会学	选修	2	阳妙艳
婚姻家庭研究	选修	2	唐美玲

硕士课程任课教师均为具有博士学位或高级职称的教师，核心课程由多位老师共同承担；鼓励教师采用英文文献教学，提升学生的英文文献阅读和理解能力；提升教授参与授课的课程比例。社会学系建立了一套课程教学管理的规范体系，加大对教学大纲、教学内容、课堂教学和考试考核的监督检查，增强对研究生教学过程的规范管理。

（二）人类学与民族学硕士点建设

在近九十年的传承和发展历程中，人类学与民族学专业建立了国内少见的人类博物馆、人类学研究所（教育部批准设立）、人类学与民族学系“三位一体”的完整学科建制，并设有中国人类学学会、中国百越民族史研究会两个国家一级学会。致力于培养从事人类学与民族学教学科研的高级人才和从事民族事务工作的高层次应用人才。要求专业造诣与综合素质的均衡发展，以马克思主义哲学为统摄的民族学知识体系的建构，掌握民族学科的发展趋势和科研前沿动态，具备实地调研、文献分析与理论概括的综合能力，锤炼坚实的创新能力和敏锐的现实意识。

人类学与民族学系招生非常注重考生的专业基础和社会调查能力。为保证生源质量，人类学与民族学系采取了加大招生宣传力度，与国内主要高校建立亲密联系；举办夏令营，邀请优秀本科生参加；重视命题和面试环节，注重考察考生的专业知识和研究能力等多项措施。

硕士培养采取“小而精”的发展策略，每年报考人类学、民族学的考生录取比例大约为 1∶4。每年约有 3 人通过保送推荐与研究生考试进入厦门大学社会学攻读硕士学位。人类学与民族学系实行“严进严出”的管理制度，严格要求研究生的学术讲座、文献综述与科研报告、开题报告、社会实践等程序与环节。不合格者，将采取延期毕业、劝退等方式分流淘汰。为了更好地完善研究生培养制度，已对硕士研究生培养方案进行三次修订。修订的年份分别为 2016 年、2013 年、2019 年。

1.硕士培养方向的确定和调整

按照 2006 年硕士培养方案的规定，人类学与民族学系招收人类学专业、民族学专业、中国少数民族史硕士研究生。人类学下设文化人类学、应用人类学、生态人类学、文物与博物馆学四个研究方向。

文化人类学。这个学科分支将文化视为有意义的科学概念。它主要研究比较人类各个社会或部落的文化，借此找出人类文化的特殊现象和通则性。不同于研究对象类似的社会学，文化人类学的研究对象大多是弱势族群和少数团体，以及较为蛮荒的部落。而研究方式大都注重“质”而非“量”，现象的观察多是“特例”而非“通识”。通过使用考古学、人种志、人种学、民俗学、语言学的方法、概念、资料，对全世界不同民族做出描述和分析。

应用人类学。应用人类学是近几十年新兴起的一门人类学分支学科。它与自然科学、社会科学相结合，运用人类学的理论与社会调查的方法，着重研究现代社会结构和人民的社会生活规律。在承认人类社会是不断向前发展的前提下，把人类学家对人类、文化、社会的认识和知识应用于改善人类社会现状和促进人类社会发展的学科。对农业与工业、农村与城市、医药与保健、环境破坏与环境保护、遗传工程进行应用研究，提出对策。

生态人类学。生态人类学致力于研究人与环境之间复杂关系。人类的生存一直同邻近的土地、气候、植物以及动物种群发生着密切的关系，并对其产生影响，环境因素亦反过来作用于人类。生态人类学试图探讨人类群体如何适应塑造其生存环境并伴随此过程形成相应的风俗习惯以及社会、经济、政治生活。简言之，生态人类学希望对人类社会文化作为适应环境的产物做出唯物的说明。

文物与博物馆学。文博考古专业是与国家文化创新、文化产业直接相关的学科，目标是要为国家和社会培养既能从事文博考古研究又能从事文化事业和产业经营的创新型复合人才，重点培养考古学研究、文化遗产研究和管理、博物馆展览策划设计、博物馆数字化开发、博物馆教育活动策划、文物艺术品开发经营和文物保护等领域的复合型人才。

民族学专业下设中国少数民族史、民俗学、区域文化、族群关系、国际移民与海外华人五个研究方向。

中国少数民族史。本方向以闽台少数民族的迁徙史与近现代史为主要研究对象，同时关注百越民族史、蒙藏民族史及中国民族史与民族关系史。华人华侨史是本方向的强项，几辈学人持续关注欧洲、东南亚和美洲的华人华侨的移民史问题，积累了丰富的学术成果。

民俗学。是一门针对风俗习惯、口承文学、传统技艺、生活文化及其思考模式进行研究，来阐明这些民俗现象在时空中流变意义的学科。民俗学具有交叉学科的性质。有关生活文化和口头传统的一切细节，都可以作为民俗学者的研究对象。而且其中还包含和传达着重要的文化信息。

区域文化。由于地理环境和自然条件不同，经过长期的历史过程，导致文化背景产生差异，从而形成了明显与地理位置有关的文化特征。根据不同的文化传统，强化本地区的文化所产生的文化效应，一个文化的存在离不开地方文化的传承性，这样的传承就会产生不同的民俗文化，从而也产生了不一样的区域文化；其最大的特点就是文化存在本身所具有的传统文化的发展倾向，从而也就产生了不同的区域文化的特性。当一个区域的经济社会发展达到一定的程度，就需要文化产业来提供强大的经济动力和文化的促进能力，而文化产业达到一定的水平，也要在某一个区域的一体化发展过程中，获得丰富的资源和广阔的市场空间；文化产业同时也受到区域发展条件的内在制约，既要充分利用区域的文化资源，又要克服和突破区域发展条件的局限，并且走向全球化条件下的跨区域发展，因此演化出丰富多彩的区域文化产业路径和模式。

族群关系。族群在民族学中指地理上靠近、语言上相近、血统同源、文化同源的一些民族的集合体，也称族团。每个个体所拥有的基因都是该族群各个分子所共享的，所以我们就称一族群中所有基因的集合为基因池。所以有时又会说，凡是可以共享同一基因池的所有个体的集合就是一族群。

国际移民与海外华人。在国际移民的视野下研究海外华人。不仅要研究海外华人的规模、分布，而且要研究移民模式、移民成就、族际关系和文化传承等。要揭示海外这一移民群体离乡背井后的生存、发展规律，更重要的是为人类社会未来的移民浪潮提供一种成功的范式。他们在适应所在国社会环境的同时总是力所能及地维护和传承国土文化，华人的自我意识通过各种文化因子顽强地延续下来，其中注重华文教育一直是海外华人群体执着的文化目标。海外华人这一遍及世界各地的移民群体，已经不再是一个只限定于传统移民范畴大话语。海外华人成为全球化时代的世界经济、科技和文化等诸多方面日益发生重要影响的一支力量。

2.课程教学

2013 年以来，人类学与民族学硕士学制确定为 3 年。为提升教学质量，学位点遵循“资源共享、硕博贯通、注重研究”等原则，修改完善了研究生培养方案，将硕博士课程糅合打通，构建了涵盖公共必修课、专业必修课、专业选修课等课程在内的多层次、多样化的课程体系。在学分方面的要求,硕士总学分需≥29学分,其中课程学分≥26学分,其他培养环节3学分。到2020年,人类学与民族学学术性硕士培养方案再次被修订。学制不变,依然为3年。在学期间,公共课5学分,必修课程≥16学分,选修课程≥5学分,其他培养环节3学分。自2012年以来,课程设置方面,也不断在完善。根据教学改革目标要求,研究生培养方案几经调整,针对硕士生所开设的课程大体不变,但少量课程有所调整,增加或者删除了一些课程。

表2 人类学硕士课程设置(2020年培养方案,不包括公共学位课)

课程名称	课程类型	学分	任课教师
田野调查的理论与实践	必修	3	张亚辉
人类学与民族学原著选读	必修	3	张先清
社会理论	必修	3	张亚辉
族群理论	选修	3	葛荣玲
中国民族史	选修	3	杜树海
人类学与民族学史	选修	3	杨晋涛
学术论文写作指导	选修	1	Augustin Holl
专业英语	选修	2	——
闽台族群与文化	选修	2	蓝达居
论文写作技能扩展	选修	1	——
历史人类学研究	选修	2	杜树海
人类学研究设计	选修	2	Augustin Holl
宗教人类学	选修	2	黄向春
民俗研究	选修	2	林琦

续表

课程名称	课程类型	学分	任课教师
东南亚族群文化	选修	2	俞云平
中国西北民族研究	选修	2	王平
中国西南民族研究	选修	2	王平
亲属制度研究	选修	2	高信杰
艺术人类学	选修	2	冯莎
体质人类学	选修	2	杨晋涛
世界史前史与文化遗产	选修	2	Augustin Holl
人类起源与演化	选修	2	王传超
中南美洲民族志研究	选修	2	Alex K. Gearin
社会组织研究	选修	2	宋雷鸣
农业与畜牧业起源	选修	2	韦兰海
经济人类学	选修	2	王平
百越文化研究	选修	2	蓝达居
考古人类学研究	选修	2	蓝达居
人类学前沿	选修	2	Ryan Gene Hornbeck
东南亚人类学研究	选修	2	龚浩群

硕士课程任课教师均为具有博士学位或高级职称的教师，核心课程由多位老师共同承担；鼓励教师采用英文教学，提升学生的英文文献阅读、理解能力和写作能力；提升教授参与授课的课程比例。人类学与民族学系建立了一套课程教学管理的规范体系，加大对教学大纲、教学内容、课堂教学和考试考核的监督检查，增强对研究生教学过程的规范管理。

（三）社会工作硕士点建设

社会工作系提供社会工作专业本科和硕士两个层次学位的培养计划。2010年，厦门大学社会工作专业开始招收硕士研究生（专硕），是全国首批的社会工作专业硕士（MSW）授权招生单位。

社会工作系注重社会政策研究、社会工作实务研究与本土化研究三方面的结合，形成了以精神健康社会工作、老年社会工作、青少年和学校社会工作、社区社会工作、社会工作项目评估、非营利组织建设与管理、儿童行为与发展等特色研究方向，所创建的专业实习基地和实务研究基地具有全国性的示范作用。研究团队积极参与国际学术交流，在社会政策与社会工作领域具有一定的国际影响力。

社会工作系培养树立社会工作的价值理念，具有扎实的社会工作理论和知识，较熟练掌握社会工作的方法与技能的专门人才。每年大约招收社会工作硕士生40人。社会工作系社会工作专业毕业生就职于党政机关、各类企事业单位、高等院校以及各类社会服务机构和基金会组织，在教学科研、社会服务、行政及人力资源管理领域都取得了优异的成绩和良好的声誉。

主要课程包括社会学概论、社会工作概论、个案工作、小组工作、社区工作、社会工作行政、社会政策、人类成长与社会环境、社会心理学、心理咨询和辅导、老年社会工作、青少年社会工作、家庭社会工作、健康照顾社会工作、医务社会工作、精神健康社会工作、儿童福利与社会工作、生涯规划与就业辅导及社会调查研究理论与方法等课程。

（四）人口与生态研究所硕士点建设

人口与生态研究所拥有人口、资源与环境经济学及人口社会学硕士点和博士点各2个，每年招收人口学硕士生2人，博士生3人。

人口与生态研究所在婚姻家庭人口学、国际移民与人口流动、环境与人口行为、流动人口和健康、人口经济学、人口社会学和台湾人口研究等研究领域，已经形成了雄厚的学术实力和研究特色。人口与生态研究所通过多学科交叉研究、社会服务和国际合作等途径，建成了具有国际影响力的学科方向。

人口与生态研究所培养的人口学专业硕博士毕业生目前活跃于各类高等院校和研究机构、政府机关和企事业单位以及各类人口、卫生和健康领域行业部门，为国家人口规划、管理和服务发挥了重要作用。

二、博士授权点及其人才培养特色

（一）社会学博士点建设

2001年，社会学在经济学一级学科下开始招收人口、环境资源方向博士，2004年获社会学二级学科博士点授权，社会学下设农村社会学、社会政策、移民社会学和女性社会学四个研究方向。

在博士生培养方面，厦门大学社会学致力于提高学生的社会学专业知识及学术功底，培养能够胜任高校、科研机构、党政机关、企事业单位等部门工作的高级专门人才。在博士招生上，为确保生源质量，严格招生考核程序，重视考生的学术能力，尽力留住和吸引优秀生源。在博士培养上，采取严进严出的培养策略。为提高研究生的培养质量，采取博士生中期考核分流办法，在博士生第二学年实施博士研究生资格考试，资格考试通过者方可进入学位论文写作阶段，第二次考试不合格者将被分流淘汰。

1.博士研究方向设置

按照2006年培养方案的规定，社会学招收农村社会学、社会政策、移民社会学、女性社会学。2009年，社会学博士招收在农村社会学、社会政策、移民社会学、女性社会学四个方向上新增社会工作方向，并对各个研究方向进行调整。目前，社会学博士点的博士研究方向设置如下（2009年培养方案）：

农村社会学是社会学的一个重要分支学科，它运用社会学的理论、方法对农村社会进行研究。早在19世纪初社会学从西方传入中国之初，农村社会的研究就引起了中国社会学许多关注。在社会学重建之后，中国农村社会学的研究得到迅速发展，形成了一些具有中国特色的理论和方法，研究范围涉及小城镇研究、农村基层组织研究、农村社会分层与社会结构研究、贫困研究、农村社会保障研究等，取得了丰硕的成果，农村社会学已经成为中国社会学的一个重要领域。本方向主要侧重农村基层政权建设、农村社会保障、农村城市化问题和农村土地制度方面的研究。中国是一个人口大国，也是一个农业大国，研究中国农村社会对于中国的现代化事业具有非常重要的现实意义。通过对中国农村社会的研究，不仅可丰富和发展社会学理论，而且可以为政府部门提供决策参考意见，从而为农村社会的稳定发展做出贡献。该方向的博导为胡荣教授与朱冬亮教授。

社会政策是一门新兴学科，主要采用社会学和经济学相交叉的跨学科研究方法，研究政府为了应对工业化和城市化所带来的失业、贫困等社会问题而采取的一系列政策措施以及政策的价值理念。本方向的研究重点为社会福利理论和社会保障政策与法规，两个领域拥有自己独特的研究特色及不同的学术价值。(1)社会福利理论研究。本方向研究特色是：研究西方社会福利及福利国家的演变史，探讨社会福利制度内含的风险及其产生的经济社会根源；对城市贫困问题加以探讨，用实证分析方法对中国城镇低收入群体、城市最低生活保障制度以及中国社会保障制度模式进行理论分析。(2)社会保障政策与法规。本方向主要对农村社会保障政策、社会保障立法以及农村社会保障体系建设问题进行研究。本方向的特色是注重理论与实践相结合，采用调查研究的实证方法，对农村社会保险模式及其相关配套政策进行研究，研究成果主要为政府的社会保障政策和法律法规的制定提供理论依据和决策意见。该方向的博导为徐延辉教授与张友琴教授。

移民社会学。本研究方向旨在综合探讨人口迁移的肇始动因、延续衍伸、社会适应、融合认同、社群互动及发展趋势，尤其关注决定人口迁移的社会结构性因素，剖析迁移者如何通过对体制化关系网络的占有而获取实际的或潜在的资源，探讨其社会影响。本方向的主要特色是：(1)将中国移民问题置于世界移民大潮中进行研究，增进国际移民学界对于中国移民问题的正确认识与合理关注；(2)将中国传统的“华侨华人研究”置于社会学宏观视野下进行研究，同时注意吸收和引进政治学、历史学、经济学、人类学等相关学科的研究方法和成果，具有当今多学科综合交融进行深度研究的特点；(3)本方向在厦门大学的研究具有较长的历史。国际移民是涉及国家利益的敏感问题，全球化进程中资金、商品、信息的大量跨境流动必然带动人口的相应迁移。加强移民社会学研究，有助于发挥本校在社会学研究上的专业特色，推动社会学博士点向跨学科、应用性和前沿性研究方向拓展，增进社会学与政治学、人类学、历史学、经济学等学科的交叉与整合，调整、改进和充实社会学专业的教学布局，进而为我国外交、侨务及涉外移民政策提供具有中国特色的移民理论构架及建设性意见。该方向的博导为李明欢教授。

女性社会学。学术界对女性问题的关注由来已久。从当年西方社会的女权运动到文学领域的女性主义批评，再到主要由联合国相关组织推动的从社会各个层面对女性生存与发展状态的人文关怀和学术研究，女性教育和研究成了20世纪的一门显学，并在21世纪呈现出更加活跃的发展态势。本研究方向将继续立足和推进以下几个方面的研究：(1)女性发展理论和实践研究。我们将根据我国妇女发展纲要，从妇女与经济、妇女与教育、妇女与法律、妇女与健康、妇女与环保、妇女与参政等六个方面，梳理和综合中西方的相关理论，并在此基础上，建立和完善现代女性发展理论。(2)女性婚姻生育行为的综合研究。我们将在已有的相关研究成果的基础上，继续组织调查研究。(3)女性社会地位的调查研究。我们将利用中国妇女社会地位抽样调查的资料，系统全面地描述我国妇女在教育、就业、政治与社会参与、法律意识与性别观念、婚姻与家庭关系以及生育方式与健康水平等方面的历史变迁和地区差别，建立多学科交叉的理论解释框架，并在理论解释的基础上进行对策分析，为改善我国妇女生存和发展的环境提供政策服务。(4)性别文化研究。我们将着重探讨性别差异在传媒、文学、社会意识和现实生活中的具体表现，东西方文化对性别形象的不同塑造，揭示性别差异赖以存在的社会与文化原因，以及这种差异所造成的社会经济后果。该方向的博导为叶文振教授与石红梅教授。

社会工作。通过该研究方向的学习和训练，希望学生掌握社会工作的基本原理，并在此基础上进一步了解最前沿的社会工作理论的发展流派和趋向；能够比较系统地、全面地把握和运用社会工作的理论知识，熟悉社会工作的各种重要的实际操作模式；并在实际的社会工作实务场景中学会结合所学理论开展社会工作的服务和研究。该方向的博导为童敏教授。

2.课程设置

按照2006年制定的博士培养方案，博士学制为3～4年。在学期间须修满12学分，其中公共学位课：4学分；专业学位课：6学分；选修课：2学分。2009年，规定博士学制为3年，最长学习年限为6年。学分要求与2006年方案一致。

在2014年施行的博士培养方案中，学制改为4年。学分要求是，博士：总学分≥16学分，其中课程学分≥12学分，其他培养环节4学分。

2019年的方案中，规定博士（含硕博连读博士阶段）为4年；本直博5年。普通博士：总学分≥13学分，其中课程学分≥10学分，其他培养环节学分≥3学分；硕博连读/本直博：总学分≥29学分，其中课程学分≥26学分，其他培养环节学分≥3学分。

2006年以来，博士开设的课程不断增多。尤其是2014年，将硕博士课程打通以后，博士生可研修的课程也更加丰富。

表3 社会学博士课程设置(不包括公共学位课)

课程名称	课程类型	学分	任课教师
2006年培养方案			
社会学理论与中国社会研究	学位	3	胡荣
社会研究方法专题	学位	3	胡荣、张友琴、徐延辉、李明欢等
社会政策与社会管理	必修	3	徐延辉、张友琴
农村社会学	必修	3	胡荣
社会福利理论	必修	3	张友琴
跨文化比较研究	必修	3	李明欢
女性社会学	必修	3	叶文振

续表

课程名称	课程类型	学分	任课教师
2009年培养方案			
社会学理论专题	必修	3	胡荣、张友琴、叶文振等
社会研究方法专题	必修	3	胡荣、张友琴、叶文振等
社会政策	选修	2	徐延辉
农村社会学	选修	2	胡荣
社会福利理论	选修	2	张友琴
跨文化比较研究	选修	2	李明欢
女性社会学	选修	2	叶文振
社会工作理论与实践	选修	2	童敏
2014培养方案			
定量研究方法	必修	3	胡荣
定性研究方法	必修	3	易林、Angela Ann Lehmann
社会统计学	必修	3	陈福平
社会学理论	必修	3	易林
社会研究方法专题	必修	2	胡荣、易林、陈福平等
社会学理论前沿	必修	2	胡荣、易林、龚文娟等

续表

课程名称	课程类型	学分	任课教师
2014 培养方案			
社会政策研究	选修	2	徐延辉
社会工作理论	选修	2	——
经济社会学	选修	2	徐延辉
政治社会学	选修	2	——
农村社会学	选修	2	胡荣
文化社会学	选修	2	易林
2019 年培养方案			
定量研究方法	必修	3	胡荣
定性研究方法	必修	3	刘子曦
社会统计学	必修	3	陈福平
社会理论	必修	3	易林
学术论文写作指导	必修	1	周志家
专业英语	必修	2	——
人口社会学	选修	2	任锋
环境社会学	选修	2	周志家
经济社会学	选修	2	徐延辉
政治社会学	选修	2	卜玉梅
农村社会学	选修	2	胡荣
文化社会学	选修	2	易林

续表

课程名称	课程类型	学分	任课教师
2019 年培养方案			
移民社会学	选修	2	——
教育社会学	选修	2	阳妙艳
婚姻家庭研究	选修	2	唐美玲

(二)人口学博士学位授权点建设

进入新时代以来,人口老龄化、新型城镇化、环境与健康、人口与资源环境协调发展、生育政策调整、婴幼儿照护、青少年精神健康、老年人健康等与人口相关的议题不断增长,对人口学科的研究水平提出更高要求。同时,在社会科学的诸多领域中,数量化和模型化的学科基础使得人口学是最有可能在互联网时代实现人工智能与大数据应用的前沿领域。催生自主设置授予博士学位的人口学二级学科,也是完善我院博士培养体系的重要组成部分。厦门大学人口学专业经过近四十年的发展,形成了自己独具风格的学科内涵,融合了人口、环境、资源与健康等研究方向,开展跨学科合作研究,积极培养研究生的同时,服务于社会。

人口学研究所致力于培养从事人口学科研教学的高级人才。与厦门市发改委、卫健委、教育和城市规划等职能部门开展长期合作,累积了一批人口发展趋势与公共服务配置的成果。在城市发展规划和公共服务供给政策制定中发挥着重要的智库作用。涉及政策改革、建设规划和服务需求等多方面,研究成果被多项政策文件采纳转化为社会效益。人口学博士研究方向有两个:

农村人口城市化。研究农业剩余劳动力和农村人口向城市集中,促进农民增收,激活农村消费需求,农村人口城市化是城市工业化和农业现代化的必然要求,关注制约农民市民化的因素,探讨其社会影响。

人口迁移。人口迁移是一个重要的社会历史现象,大规模的人口迁移会对国家地区的经济发展和社会变革产生重要影响。研究迁移人口的社会经济与人口学特征、空间格局、影响因素、社会经济影响等方面。

在博士培养上，采取“严进严出”的培养策略。为提高研究生的培养质量，采取博士生中期考核分流办法，在博士生第二学年实施博士研究生资格考试，资格考试通过者方可进入学位论文写作阶段，第二次考试不合格者将被分流淘汰。课程设置、导师指导、学术训练均同社会学二级学科保持一致，学生统一纳入社会学一级学科培养。

（三）人类学博士学位授权点建设

1.人类学博士学位授权点建设

学位教育的梯次是高等教育水平的标志。早在1950年代，我们参照苏联的学力教育制度，在厦门大学实施招收培养副博士学位研究生。作为厦门大学的人类学奠基人和开创者，林惠祥教授招收了蒋炳钊和叶文程两位人类学副博士研究生。遗憾的是，两位研究生尚未毕业，林惠祥教授即因劳累过度，患脑溢血而殉职于工作岗位上。此后，直到改革开放新时期，在林惠祥教授的学生和学术继承人陈国强教授的努力下，1982年人类博物馆就开始招收中国民族史和文化人类学硕士研究生。1983年教育部批准设立厦门大学人类学研究所，从事人类学科学研究以及专业研究生高级人才的培养工作。此后，厦门大学人类学专业的硕士研究生招生培养，由人类学研究所负责，招收人类学、民族学、中国少数民族史三个专业方向的硕士研究生。

2003年厦门大学人类学研究所获得国家民族学一级学科项目下民族学二级学科博士授权点地位，自2004年开始招收博士研究生，至2019年已经连续招收17届民族学专业博士研究生。至2019年，厦门大学取消民族学二级学科博士授权点。

2004年厦门大学人类学系获得国家社会学一级学科项目下人类学二级学科博士点授予权，并于2005年开始招收人类学专业方向的博士生。至2019年已经连续15年招收培养此一方向的博士研究生。由于2019年厦门大学已经取消了民族学二级学科博士点，现仅存人类学二级学科博士点。

另外，人类学系招收厦门大学专门史一级学科项目下中国少数民族史二级学科方向的博士专业研究生。同时，人类学与民族学系也是厦门大学历史学博士后流动工作站之一，吸收获得博士学位的高级人才进站，从事相关专业的博士后研究工作。

在博士招生上，为确保生源质量，严格招生考核程序，重视考生的学术能力，尽力留住和吸引优秀生源。在博士生培养方面，为了全面推进新文科建设，融合理论与方法作为课程建设的核心，致力于营造“慢学术”的学习氛围，实现教育的目标和价值，恢复民族学与人类学的传统价值“整体观”，从而更有效培养学生的“跨学科精神”。

2.博士研究方向设置

社会与文化人类学。主要研究族群关系的理论与族群关系在社会文化变迁中的结合。其中主要三个方面的关注层面：(1)当代国际与国内族群与族性知识谱系与理论架构。(2)当代国际与国内民族与族群的社会政治演变的情形。(3)结合国内的族群与族群文化案例进行更深入的研究。其特色是既注重吸收国际族群前沿理论，又强调立足中国本土经验。从而在学理上和现实上呈现出重要的意义。根据 2013 年培养方案，此一方向主要的博士生指导教师是彭兆荣教授(博导)、邓晓华教授(博导)、俞云平副教授、林红副教授、汪晓云副教授。

宗教人类学。研究重点从早期注重研究宗教现象的起源、进化、特性，宗教与其他形式的文化之间的联系，转到对宗教的原始结构、社会功能，宗教对社会心理的影响，宗教文化的传播等方面。而其基本的研究对象和内容则包括：神话、巫术、宗教祭仪、宗教组织结构、图腾崇拜及其对原始文化、道德、法律、原始人的思维和肉体酌关系。根据 2013 年制定的培养方案，承担此一方向指导任务的博士生导师为张亚辉教授。

海洋人类学。强调运用人类学的理论、视角和方法对海洋社会的人群行为及文化进行分析和研究的学科。海洋人类学的研究强调一种海洋主体性的视角，突出海洋社会环境的特殊性，尤其认为海洋社会作为一种独特的社会文化类型，有其不同于内陆社会的运作逻辑和文化规范。深入了解和认识海洋及海洋社会的环境和文化独特性，不仅是人类良性开发和利用海洋的前提，也是处理人类与海洋之间关系的重要基础。它主要探讨包括渔业社区的人口、家庭、风俗、宗教信仰、生计方式、组织规范、技术工具、艺术以及海洋适应、海洋移民和海洋污染与海洋生态保护、渔业资源管理、全球化对于地域渔业社区发展、海洋资源共享、海洋利用协作的影响等一系列重要问题。根据2013年培养方案，张先清教授承担此一方向的博士生指导任务。

语言人类学。研究内容主要包括：作为文化资源的语言；作为社会实践的语言；作为历史记忆的语言；作为话语权力的语言。语言是一种复杂的动态像符系统，既可以作元语言（即用来解释语言现象的语言工具；用来研究语言现象的语言），也可以作隐喻手段，成为文化的一部分，还可以作社会行动。人类语言的存在是一个与人类生息同步的过程，与社会和文化共生，不断发展变化，在社会实践中取得意义，在历史长河中记忆文化。信息来自差异，从声音的抑扬顿挫，到外部环境、内部心理的发展变化，都是信息得以存在的前提。没有变化，没有差异，没有代谢，就没有信息。话语权力表现社会地位，语言行为反映文化阶层。博士生导师主要有邓晓华教授。

应用人类学。主要研究内容是通过田野工作收集社会文化各方面的第一手资料，并通过跨文化比较，整体地研究人类各族群文化之间的异同，揭示、描述与理解自我（ourselves）与他者（others）的文化模式、文化内涵，以寻找和认识人类文化发生、变迁的普遍规律和特殊规律，并直接服务于人类的现实生活。其特色是注重田野调查和从整体上去把握文化意涵与脉络；其意义是认识与阐释文化发生、发展的规律，并通过跨文化比较，认识与理解他者与自我的文化。根据2013年培养方案，担任博士生指导任务的有石奕龙教授（博导）、余光弘教授（博导）、张先清教授（博导）、朱家骏副教授、杨晋涛副教授。

考古体质与族群起源。关注体质人类学表型特征，研究遗传、环境等内在及外部因素对人体生理和病理性状等各类表型特征的影响。通过研究牙齿表面、内部保留着生长发育特征，与个体生长发育、分类学、牙齿功能适应等有着密切关联。运用组织学方法、扫描电镜、高精度CT计算机断层扫描三维复原等技术研究中国化石猩猩牙齿生长发育特征，为中国猩猩的起源、演化和分类提供一点线索和新的思路。担任博士生导师的主要是王传超教授。

边疆民族研究史。本方向核心关注中国边疆民族地区和闽台区域的少数民族土地制度、旅游发展、城市化进程、宗族经济、市场结构等方面的研究，同时也关注欧洲经济史与中国经济史的比较分析，以及全球化和世界贸易体系对区域经济的影响等热点问题。担任博士生导师的主要有张亚辉教授。

3.课程设置

按照2006年制定的博士培养方案，博士学制为3～4年。在学期间须修满12学分，其中公共学位课：4学分；专业学位课：6学分；选修课：2学分。2009年，规定博士学制为3年，最长学习年限为6年。学分要求与2006年方案一致。在2014年施行的博士培养方案中，学制改为4年。学分要求是，博士：总学分≥16学分，其中课程学分≥12学分，其他培养环节4学分。2019年的方案中，规定博士(含硕博连读博士阶段)学制为4年；本直博5年。普通博士：总学分≥13学分，其中课程学分≥9学分，其他培养环节4学分。硕博连读/本直博：总学分≥35学分，其中课程学分≥30学分，其他培养环节5学分。其中，必修课程：博士≥7学分，硕博连读和本直博≥16学分。

2006年以来，博士开设的课程不断增多。尤其是2014年，将硕博士课程打通以后，博士生可研修的课程也更加丰富。

表4　人类学与民族学博士课程设置(不包括公共学位课)

课程名称	课程类型	学分	任课教师
2013年培养方案			
当代文化人类学理论与方法	专业	3	石奕龙
人类学族群研究与民族遗产	专业	3	彭兆荣
跨国人类学	专业	3	宋平
历史人类学理论方法研究	选修	1	宋平
汉人族群文化专题研究	选修	2	石奕龙
历史人类学与东南社会研究	选修	2	邓晓华
社会文化人类学专题讨论	选修	2	余光弘
医疗与音乐人类学	选修	2	孔青山
文化人类学名著研读	选修	2	石奕龙

续表

课程名称	课程类型	学分	任课教师
2013 年培养方案			
田野调查的理论与实践	专业	3	张亚辉
人类学与民族学原著选读	专业	3	张先清
社会理论	专业	3	张亚辉
族群理论	选修	3	葛荣玲
中国民族史	选修	3	杜树海
人类学与民族学史	选修	3	杨晋涛
学术论文写作指导	选修	1	Augustin Holl
专业英语	选修	2	——
闽台族群与文化	选修	2	蓝达居
论文写作技能扩展	选修	1	——
历史人类学研究	选修	2	杜树海
人类学研究设计	选修	2	Augustin Holl
宗教人类学	选修	2	黄向春
民俗研究	选修	2	林琦
东南亚族群文化	选修	2	俞云平
中国西北民族研究	选修	2	王平
中国西南民族研究	选修	2	王平

续表

课程名称	课程类型	学分	任课教师
2020 年培养方案			
亲属制度研究	选修	2	高信杰
艺术人类学	选修	2	冯莎
体质人类学	选修	2	杨晋涛
世界史前史与文化遗产	选修	2	Augustin Holl
人类起源与演化	选修	2	王传超
中南美洲民族志研究	选修	2	Alex K. Gearin
社会组织研究	选修	2	宋雷鸣
农业与畜牧业起源	选修	2	韦兰海
经济人类学	选修	2	王平
百越文化研究	选修	2	蓝达居
考古人类学研究	选修	2	蓝达居
人类学前沿	选修	2	Ryan Gene Hornbeck
东南亚人类学研究	选修	2	龚浩群

三、研究基地、研究中心和实验室建设

(一)厦门仙岳医院精神健康综合服务实践研究基地

2013 年 12 月，厦门大学社会学与社会工作系携手厦门市仙岳医院（暨厦门市精神卫生中心）以病人的综合康复和社区精神健康建设为合作目标，本着不同专业间团队尊重、配合、平等互利的原则，共同发起“城市社区精神健康综合服务”合作项目。该项目是在国家精神卫生法和社会工作人才队伍建设等政策文件精神指引下的一次尝试，发挥了社会工作专业的特长，结合仙岳医院的医护技术和资源优势，共同探索不同专业团队合作方式，不仅开展精神病患者的综合康复和城市社区的精神健康建设，而且两个单位可以探讨在科研、教学领域的更多合作。同时，借助社会工作实践研究基地的平台，社会学与社会工作系能够与厦门市仙岳医院更好合作以推进社会工作专业服务项目的运作，及在项目开展过程中增进学生对医务社会工作尤其是精神健康社会工作的认知，提高学生的医学健康教育与健康促进实践能力，培养合格的社会工作专业人才。

近年来，在社会工作专业郑思明老师领队的“城市社区精神健康综合服务”项目框架下，致力于服务有精神健康需求的个体、家庭和群体，涉及精神康复者及家庭的社会功能恢复、社区居民的预防支持网络以及重点高危人群的康复服务等。基地建成两年内，直接参与基地实践服务的全院师生已超过 40 人次，大家同心协力，发挥社会工作专长，配合精神疾病的治疗及院内康复，并协助休养员们的社区康复服务，起到了有效的作用，并得到了仙岳医院医护人员和患者家属的积极认可。

(二)厦门大学医务社会工作实践研究基地——厦门市弘爱医院

根据 2018 年 1 月 4 日国家卫生和计划生育委员会发布的《进一步改善医疗服务行动计划（2018—2020）》之要求，医疗机构要设立医务社会工作岗位，负责一协一调开展医患沟通，提供诊疗、生活、援助等患者支持服务；医疗机构要大力推行志愿者服务，鼓励医务人员、医学生、有爱心的社会人士等，经过培训后为患

者提供志愿者服务。

2018 年 9 月 10 日，三级综合医院厦门市弘爱医院开业。医院开业之初，厦门大学社会学与社会工作系便与之签署合作协议，联手共建“厦门大学医务社会工作实践研究基地”。基地于 2018 年 12 月 26 日正式挂牌，旨在加强医院和高校的交流与协作，提高学科建设水平，共同培养实践素质强、研究能力高的医务社会工作专业人才。实践基地的成立，一方面为厦门大学社会工作学生提供实践机会，通过高校督导和医院带教老师督导，增进学生对医务社会工作的认知、促进学生体认社会工作在医疗团队中的角色定位、提高学生的医学健康教育与健康促进实践能力，使学生能够更快成长为一名合格的专业社会工作；另一方面，厦门大学社会工作专业团队为医院提供有关专业的信息、技术咨询和必要的专业指导，提高弘爱医院医务社会工作的专业性。

厦门大学社会工作专业学生于 2018 年 10 月份开始进入弘爱医院开展医务社会工作的实习工作。实习工作中，厦门大学社会工作团队联合社会工作系团队，认真投入社会工作部的各个项目服务过程中，积极参与服务策划、组织和开展医院儿科门诊优质服务系列活动、神外癫痫中心亲子协作活动及肿瘤内科康复系列服务。其中儿科门诊医疗辅导创新服务取得了良好的反响和口碑。

表 5　社会工作专业(领域)实践基地列表

基地名称	合作单位	基地所处地点
社会工作专业实习示范基地	厦门康乐社区	厦门康乐社区
高校—机构社会工作实务协同创新基地	霞辉老年社会服务中心	霞辉老年社会服务中心
社区社会工作实务研究基地	厦门吕岭社区	厦门吕岭社区
仙岳医院精神健康综合服务实践研究基地	厦门市仙岳医院	厦门湖里区

续表

基地名称	合作单位	基地所处地点
厦门市“温馨夕阳”咨询服务中心	厦门市“温馨夕阳”咨询服务中心	厦门市思明区莲前街道办事处、前埔南社区居委会、深田社区居委会、海沧区海翔社区居委会
前埔南社区关爱中心	前埔南社区居委会	前埔南社区居委会
深田社区“幸福阳光”家庭综合服务中心	深田社区居委会	深田社区居委会

（三）社会学与社会工作其他实践基地及平台

2009 年，厦门大学社会学与福建省南安市康美镇兰田村合作建立新农村实践基地，作为研究生实践的基地。2009 年 6 月 25 日，胡荣教授及 3 名研究生在南安市农办副主任王德富陪同下前往南安市康美镇兰田村调研。胡荣教授一行详细了解了兰田村近几年来在新农村建设中取得的成效。随后胡荣教授一行参观了南安市新农民培训学校，并了解由培训学校自主研发的“世纪之村”农村信息化服务平台。

此外，2012 年，厦门大学社会学学科获批福建省重点学科。2017 年，共青团福建省委批注厦门大学社会学与社会工作系为青少年事务社会工作人才培训基地。2020 年，福建省民政厅批准厦门大学社会工作系为首批省级社会工作专业人才基地。还有其他平台，见表 6。

表 6　重要研究基地、中心、重点学科等平台

类别	名称	批准部门	批准时间
人才培养基地	首批省级社会工作专业人才基地	福建省民政厅	2020

续表

类别	名称	批准部门	批准时间
人才培养基地	青少年事务社会工作人才培训基地	共青团福建省委	2017
人才实训基地	首批全国社会工作督导人才实训基地	中国社会工作教育协会督导专委会	2017
创新团队	两岸社会治理比较研究	教育部	2014
研究生实践基地	厦门大学社会工作专业实践研究基地	厦门大学	2013
重点学科	社会学学科	福建省	2012
研究生实践基地	南安市康美镇兰田村新农村实践基地	福建省南安市	2009
研究中心	厦门大学社会发展研究中心	厦门大学	2000

（四）厦门大学人类学研究中心

高度组织化是厦门大学人类学团队运作的一个特征。1980 年代以来，厦门大学人类学团队先后根据自身条件、专业兴趣、发展方向、社会需要等情况，建立研究基地、研究所和研究中心，凝聚团队的力量，集体攻关，教书育人，推进学术，服务社会。

厦门大学人类学研究中心成立于 2006 年，是在倚靠人类学系、所、馆的教学科研力量基础上设立的一个研究机构，经申报获准，成为福建省人文社会科学重点研究基地之一。2014 年，中心被评选为福建省人文社会科学重点研究基地优秀基地。人类学研究中心确定了主要的三个研究方向：

1.文化人类学、民族学。主要从事文化人类学理论与东南民族社会文化发展研究。注重文化人类学理论、方法及内涵变化的本土化研究，强调建构具有中国特色的文化人类学体系。注重对汉人社会文化的研究，坚持以广泛深入的田野调查为本，在整体观、相对观视野下，对汉人社会文化的特征及其内在构造和发展变化开展长期的探索，积累了大量一手资料，尤其在惠东人、客家人、闽南人、闽越历史的研究上建树丰厚。同时也注重东南少数民族及族群文化的研究，在台湾少数民族、南洋民族、东南族群关系等方面在国内独树一帜。

2.历史人类学。注重“他者历史”的建构，以人类学田野调查（包括社区调查和考古发掘）的材料和文献解读结合、互补的方式，研究中国东南少数民族的历史，为过去没有历史的民族提供多元的历史理解。继承林惠祥教授和傅衣凌教授的学术传统，结合人类学和历史学的方法，收集实证材料，探讨中国社会结构的演变、历史发展的时空动态及其文化脉络，从普通民众的日常生活和习俗中，发现东南地域社会文化的内在机制。

3.考古人类学。立足考古学与狭义文化人类学（民族学）从理论到实践的有机整合，考察中国东南及邻近的东南亚地区古代民族社会（比如畲族、闽越国）、文化变迁的过程与规律，探讨东南文化的区域性与东南土著族群的文明或文化模式。注重文化人类学不同理论方法在考古学上的运用，扩展土著社会文化认识与研究的视野，着力于丰富和发展我国人类学与考古学理论方法，成为我国人文社会科学学术体系中独树一帜的东南民族考古学派。

近年来，中心在注重人类学学科建设的整体均衡发展、保持传统研究领域继续在国内领先的同时，尤其注重中国东南地区的人类文化发展与保护诸问题，如闽南人、客家人、台湾高山族等族群与区域文化，闽台地区族群关系与文化、历史源流，海外华人华侨的各种社会实践，区域与地方宗教（比如闽台城隍及地方祖师的信俗本土化特征）、仪式，民俗文化，文化遗产学与旅游人类学，历史人类学与东南区民族文化与历史等方面的研究。人类学研究中心先后承担国家社科基金重点项目“我国少数民族文化产业发展研究”和国家社科基金重大招标项目“台湾原住民族群关系研究”等课题研究。

（五）厦门大学旅游人类学研究中心

厦门大学旅游人类学研究中心，由厦门大学批准，成立于 2004 年 10 月 6 日，是我国最早的旅游人类学专职研究机构之一。该中心由彭兆荣教授提出设立申请。获准设立后，彭兆荣教授任中心主任，并聘请美国加州大学伯克利分校人类学系资深教授、伯克利分校赫斯特人类学博物馆（Phebe A. Hearst Museum of Anthropology）北美民族学馆馆长、国际旅游研究会创始人之一格拉本教授（Nelson H. H. Graburn）为中心顾问。

自中心成立以来，已经开展和正在进行民族地区乡村旅游的调研和规划工作，并为硕士研究生、本科生开设了旅游人类学课程，并将为博士研究开设专题研究。我国第一部旅游人类学研究方面的专著《旅游人类学》由彭兆荣教授完成，2004 年由民族出版社出版。由彭兆荣教授和格拉本教授共同主编的“旅游人类学译丛”已由广西师范大学出版社于 2009 年出版，丛书包括《旅游者——休闲阶层新论》（Dean MacCannell 著，张晓萍等译）、《游客凝视》（John Urry 著，赵玉中等译）、《人类学与旅游时代》（Nelson Graburn 著，赵红梅等译）。主编“人类与遗产丛书”四本（云南教育出版社，2008 年），主编《遗产学十讲》教材（云南教育出版社，2012 年）。中心已成为中国旅游人类学学科建设的楷模和重镇。

（六）厦门大学文化发展研究院

厦门大学文化发展研究院是在“文化大发展大繁荣”“打造文化产业成为国民经济支柱产业”的战略背景下，由学校批准成立的以“文化发展”为核心的研究机构。作为学术研究与文化交流的重要平台，研究院汇集了国内外顶尖的文化研究与创意产业领域专家学者，致力于发展成为文化领域的学术高地及智库；致力于培养塑造文化创意产业相关领域人才，提高其综合能力、累积产业运作经验；致力于引导文化产业研究与社会的有效对接，实现产、学、研良好互动与相互推进；致力于文化遗产的保护与开发实践；致力于区域文化与特色小镇规划、运营与管理，从而切实推动文化产业大发展大繁荣。厦门大学文化发展研究院，以“政府智库、学界翘楚、行业尺度”为宗旨，具有学术研究、课题开发、政策咨询、产业规划、人才培育、文化交流等重要功能。

厦门大学文化发展研究院拥有一流的学术指导顾问与师资力量，聚集专业领域内的文化创意与文化旅游产业研发人才，将重点围绕区域文化资源融入特色小镇建设，实现文旅结合，针对文化创意产业、文化遗产保护与特色小镇建设相融合等方面展开课题研究，推动中国特色小镇的建设与发展。

该研究院自成立以来，研究院主要成员立足文化产业发展与文化遗产议题，在海峡文化产业发展、文化艺术研究及文化交流方面开展了一系列工作，推出了一系列成果：

1.张先清主编：《太姥文化：文明进程与乡土记忆》(上、下册)，商务印书馆，2016 年版。《太姥文化——文明进程与乡土记忆》全书近 120 万字，从地域、社会和人类文明发展的视角，首次针对太姥文化这一地域文化共同体的形成与发展系统地展开研究，全面地阐述了太姥文化的丰富内涵和时代价值。

2.黄鸣奋主编：《福建文化产业年鉴》，厦门大学出版社，2015 年版。本年鉴系统全面地反映福建省文化产业发展状况，集中展示新形势下福建省文化产业的新业态、新成就、新经验，其内容包括政策法规、主题文献、行业研究、区域发展、交流借鉴、媒体介绍、精品介绍、投资参考等。该年鉴将 2012 年及以前的资料汇编为 3 卷(约 200 万字)。

3.开展“八闽文化研究”课题，拍摄大型乡土纪录片，解读和传播未被充分认识的福建特色文化，全面带动福建省的文化旅游产业。2014 年完成了《发现未知的福建》策划专题纪录片，并启动了大型文化旅游纪录片，引起广泛关注。

4.举办两岸企业文化高峰论坛。2013 年 7 月，由研究院承办的两岸企业文化高峰论坛在厦门大学开幕，来自海峡两岸的众多企业家代表，围绕“诚信立业，文化聚气”的主题，共论企业诚信文化，并在企业诚信倡议书上签名。

(七)人类学与人类发展实验室

厦门大学人类学学科的发展坚持自林惠祥先生开创的人类学“四分支”传统，即文化人类学、语言人类学、考古人类学和体质人类学领域的协同、整合发展。现有研究队伍也是跨不同学科、不同方向，而随着研究的深入和扩展，对跨学科实验室建设的需求越来越迫切。2018 年，经厦门大学批准，以厦门大学人类学学科力量为依托，整合该校医学院、公共卫生学院、南洋研究院、台湾研究院、国学研究院等相关资源，并且辐射性联结国际和国内相关研究力量，在厦门大学开创性地成立“人类学与人类发展实验室”。

最新设立的人类学与人类发展实验室，下设人类考古学、医学人类学和生物人类学三个实验室，目标是在原有的人类学系、所、馆“三位一体”体系基础上，建设一个交叉性、综合性、创新性的人类学平台，打造一支结构合理、创新力强，立足中国经验，开拓学术前沿的国际性一流人类学科研团队，并带动“中国东南与环太平洋族群文化跨学科群”的发展繁荣。未来的建设计划是在实验室建设完成后，申报建设福建省级重点实验室，然后经过1～2个培育期之后，进一步计划申报建设成部级重点实验室或人文社会科学重点研究基地，远期规划是国家级重点实验室或人文社会科学创新基地、重点研究基地等。

目前，人类学与人类发展实验室立足于人类学“四分支”即文化、语言、考古和体质学科传统，跨学科优化整合，积极建设社会和文化人类学、医学和应用人类学、考古和遗产保护、基因和族群历史四大学科群。

1.社会和文化人类学是传统优势领域，侧重通过深度的田野经验以探究人类发展诸问题，主要内容包括海洋人类学：海洋地带的族群、社会与文化，台湾少数民族历史文化遗产资源调查与研究，中国农村政治经济与城乡发展，性别/跨性别研究与女性人类学，影视、艺术与流行文化研究，比较语言学与汉语方言学，旅游人类学、景观遗产与地方认同和空间实践，东南民族学以及东南社会民俗研究等。

2.医学和应用人类学侧重运用人类学的理论与社会调查的方法，探讨疾病、健康、治疗、社会制度以及文化之间的复杂关系，主要研究内容有人类学与公共卫生及流行病学跨学科合作研究，疗愈音乐调节压力：方法和理论创新，运动与营养：城市肥胖问题综合干预，海岛区域地方病的人类学调查和生物医学防控，医疗职业的人类学研究，医学人文（临床人类学与护理人类学）的学科共建和医学人类学理念推广，老龄化与养老问题研究方向，中华传统医学的跨文化传播研究方向，“多元医疗在中国”研究方向，中国各民族医疗民族音乐学和疗愈仪式普查等。

3.考古和遗产保护侧重田野考古与文物、博物馆、民族艺术与文化遗产等领域研究，主要研究内容有中国东南及环太平洋地区贝丘遗址的调查研究。利用近年来考古学和文化遗产保护的最新技术，依托地理区位优势，着力厘清南方早期文明的源流，更关注对人类行为表现和文化发展之间互动关系的研究，进而探索不同地区古代社会长时段发展演进的一般规律，尤其是通过对古代文化演进规律的探究，弥补中华文明、东亚文明的南方缺环，重新审视北方早期文明脉络，并由东亚史前文明多学科研究范式反思世界早期文明发展演化历程，尝试为当代以及未来国家、社会、区域、社区乃至个体的生存和发展等方面，提供富有建设性的启发、思考以及源源不断的精神动力和理论支撑。

4.基因和族群历史是以体质人类学为基础，结合古DNA和群体遗传学方法来探究东亚古今各族群的起源、迁徙、混合和演化的历史，主要研究内容有人群体质差异和疾病易感性的表型研究和基因学研究，中国南方壮侗、苗瑶语等族群的遗传混合历史及其与古百越族群、南岛和南亚语人群的源流关系研究，中国东南和环太平洋地区人类骨骼考古、古人类和古病原菌基因组学研究，探索人类学方法在法医身源鉴定中的应用，通过研究中国化石猩猩牙齿生长发育特征来探索中国猩猩的起源、演化和分类等。

人类学与人类发展实验室成立以来，以厦门大学为署名单位共发表SCI和SSCI论文20余篇，包括发表在*Cell*、*Nature Communications*、*Nature Ecology & Evolution*等世界顶尖期刊上，其中以第一作者或通讯作者发表在*Nature*子刊*Nature Communications*、JCR一区期刊*Current Biology*、SSCI期刊*American Journal of Physical Anthropology*、*Annals of Human Biology*上等。实验室不断加大力度推进研究生培养改革，鼓励学生积极参与科研项目和课题、参加学术会议，以科学问题为导向，综合应用多学科方法，通过在国际重要期刊持续发表一系列研究成果来助力一流学科建设，得到了社会各界的广泛关注和认可。

四、对外交流与合作

（一）对外交流

社会与人类学院各学科各系极为重视与国外其他高校和研究机构的学术交流与合作，积极开展师生互访和研究合作项目，在提升本学科国际化程度方面已经迈出了坚实的步伐。主要方式有以下五种：

1.通过举办重要国际学术会议，为学科发展提供平台，拓展交流与合作

近年举办重要国际学术会议有：2012 年的“中德资源效率与垃圾处理研讨会”；2013 年 11 月在英国南安普敦举办“中英治理与政策网络研讨会”；2013 年两岸三地社会工作督导研讨会；2014 年 5 月在厦门举办“国家治理与社会政策国际学术研讨会”，等等。

以“中德资源效率与垃圾处理研讨会”为例。这次研讨会为国际交流与合作提供了典范。

经过长期的交流，厦门大学社会学与社会工作系与德国有关高校、政府部门和基金会等机构建立并维持着密切的合作关系。2012 年 12 月 1 日至 5 日，为纪念联合国可持续发展大会（“里约＋20”峰会）召开，社会学与社会工作系与德国有关方面联合举办了两次研讨会：“‘里约＋20 峰’会后的道路：可持续的经济发展、资源效率和气候保护”和“气候变化背景下的‘里约＋20’峰会与可持续的垃圾处理”。

德方的会议主办方包括：德国驻广州总领事馆，德国联邦环境、自然保护和反应堆安全部（简称：德国环境部），德国莱法州经济、气候保护、能源和国土规划部（简称：莱法州经济部），德国国际合作公司，德国阿登纳基金会上海办公室等，中方的会议协办单位包括：中国国际民间组织合作促进会、中国科学院城市环境研究所、自然之友等。德国环境部、莱法州经济部、广州市政府和厦门市政府等均派员发言，德国汉堡大学、柏林自由大学、中国人民大学、河海大学等高校知名学者参加了会议。

两次会议都是集信息交流、经验交流和学术交流为一体，是综合性的国际研讨会。会议的宗旨是，在中德两国气候保护合作和福建省与莱法州省际合作的框架下，中德双方就促进资源效率、城市生活垃圾的可持续处理和气候保护的现状和前景进行学术、信息和经验交流。会议邀请中德两国高校、政府、企业和 NGO 等领域的各类专家约 60 人与会，就相关主题进行深入探讨，并有近 200 名学生参与会议。会议议程主要包括三个部分：政策和法律框架；利益相关者的实践经验；NGO 与民众的作用。

会议采取跨学科、跨领域的多元参与的模式，结合资源利用、垃圾处理和气

候保护等议题综合性和应用性的特点，是创新性的尝试。会议的召开对强化该领域的学术合作和中德两国地方政府的交流，对推动国内利益相关者之间的交流，对加强学院的国际化进程都大有裨益。

2.教师参加国际会议，或出国访学和考察，拓宽交流渠道

早在20世纪90年代，教师就进行多次出国访学和考察活动。1990年4—6月，张友琴赴美国天主教大学进修；1992年赴香港参加学术会议；1998年赴泰国参加学术会议；1999年赴香港城市大学访问一个月。

作为学科带头人，胡荣教授多次出访海外高校和研究机构。1998年5月12—19日赴美国奥尔巴尼参加纽约州政治学会年会；1998年6月25—30日赴荷兰莱顿亚洲研究国际研究所参加会议；2001年3月赴香港参加由香港中文大学服务中心和香港浸会大学政府与国际研究系主办的“第二届中国大陆村级组织建设学术研讨会”，在大会上宣读论文《村委会选举中村民的自主式参与》；2001年11至12月，访问台湾“中央研究院”社会学研究所，11月19日下午在台湾政治大学东亚研究所发表题为“中国农村村民自治”的演讲；2001年11月21日下午在台湾清华大学社会学系发表题为“中国大陆村委会选举”的演讲；2002年8月30日至9月1日，在日本静冈大学参加由日本现代中国基层自治研究会主持召开的“中国基层自治国际研讨会”，在大会上宣读论文《理性行动者的行动抉择与村委会选举的制度实施》，等等。

2013年5月1—4日，徐延辉参加在泰国曼谷召开的“Social Quality in Asia：Moving from Concept to Practices，International Conference”，在大会上宣读论文“Comparative Research of Social Quality in Mainland China：Based on the Empirical Studies in Shenzhen，Xiamen and Hangzhou”。2015年9月，易林和阳妙艳受邀访问澳大利亚堪培伯大学和墨尔本大学，分别做了学术讲座，并与对方合作完成了中国民族教育课题，成果发表于*Asian Studies Review*。等等。

此外，教师以团队形式多次出访国外高校和研究机构。2008年5月，胡荣、易林、郑启五出访加拿大西安大略大学，参加“中加地方政府治理比较研究”研讨会；2008年10月31日—11月7日，胡荣、易林访问英国布里斯托大学、牛津大学、利兹大学和伦敦政经学院；2013年11月，胡荣等5人访问英国南安普敦大

学孔子学院，参加政策网络研讨会；2019 年 5 月 31 日至 6 月 3 日，胡荣率领社会学系贺朝霞、张钤、黄雯倩、吴婉瑜 4 位研究生参加韩国首尔市立大学召开的“亚洲社会学新趋势”研讨会，等等。

表 7 教师参加国际学术会议及访学情况

时间	姓名	前往地区	举办方	事由
1990 年 4—6 月	张友琴	美国	美国天主教大学	进修
1992 年 11 月	张友琴	中国香港	——	学术会议
1998 年 5 月 12—19 日	胡荣	美国奥尔巴尼	纽约州政治学会年会	参加会议
1998 年 6 月 25—30 日	胡荣	荷兰莱顿	亚洲研究国际研究所（International Institute of Asian Studies）	参加会议
1998 年 7 月 26 日—8 月 1 日	石奕龙	美国弗吉尼亚州威廉斯堡	国际人类学与民族学联合会	参加 14 届国际人类学与民族学科学大会，在“中国的民族文化及对亚洲的影响”专题报告会上发言
1998 年 8 月	张友琴	泰国	泰国法政大学	学术会议
1999 年 8 月	张友琴	中国香港	香港城市大学	访问一个月
1996 年 9 月—2000 年 3 月	胡荣	中国香港	香港城市大学	攻读博士学位

续表

时间	姓名	前往地区	举办方	事由
1999年7月—2000年7月	叶文振	美国	纽约市立大学皇后学院	从事中美国际移民课题合作研究，并承担“人口学”和“社会统计学”研究生课程的教学
2000年8月	张友琴	中国香港	香港浸会大学	进修
2000年8月1日—2001年9月1日	邓晓华	日本	日本国立民族学博物馆	客座教授
2001年3月9—10日	李明欢	新加坡	新加坡华裔馆、新加坡宗乡会馆、陈嘉庚国际学会等	参加“海外华人社团跨国活动国际研讨会”
2001年3月16—17日	胡荣	中国香港	香港中文大学、香港浸会大学	参加“第二届中国大陆村级组织建设学术研讨会”
2001年4月25—29日	李明欢	中国台湾		参加第四届海外华人国际研讨会
2001年5月15日—7月14日	李明欢	加拿大	西蒙菲莎大学及加拿大亚洲太平洋研究基金会	调研；参加“全球化与移民”国际学术研讨会，并作发言
2001年9月26日—28日	李明欢	澳大利亚	澳大利亚国立大学	参加国际学术研讨会：“Migrating Identities and Ethnic Minorities in Chinese Diaspora”
2001年11月	胡荣	中国台湾	台湾政治大学	发表题为“中国农村村民自治”的演讲

续表

时间	姓名	前往地区	举办方	事由
2001年11月	胡荣	中国台湾	台湾清华大学	发表题为“中国大陆村委会选举”的演讲
2001年11—12月	胡荣	中国台湾	“中央研究院”	访问
2001年12月13—15日	李明欢	印度喀拉拉邦	特里凡得琅发展研究中心	参加国际学术研讨会“亚洲劳动力及资本的演变”，担任评议人
2001年12月18—20日	李明欢	印度	——	参加“印度第43届劳动经济学年会”，并发言
2002年6月14—18日	李明欢	马来西亚	——	参加“反思全球化”会议，并担任特邀评论人
2002年7月5日—9月30日	李明欢	法国	法国国家科学研究中心	任高级访问学者
2002年8月	张友琴	新加拔	新加坡国立大学	参加亚太社会工作者年会学术会议
2002年8月30日—9月1日	胡荣	日本	日本静冈大学	参加“中国基层自治国际研讨会”
2002年9月	陈茗	日本	日本人口学会	学院讲座：“日本少子化的现状及其经济社会影响”
2002年9月24日	李明欢	法国	巴黎第七大学亚洲研究系	参会并作发言

续表

时间	姓名	前往地区	举办方	事由
2002 年 12 月 11 日	李明欢	挪威	奥斯陆大学	参加国际研讨会:“冲突时期人口背井离乡的动因”,并发表论文
2002 年 12 月 12 日	李明欢	挪威	奥斯陆大学	开设讲座
2003 年 3 月 13—15 日	李明欢	中国香港	香港中文大学与美国俄亥俄大学图书馆	参加“第二届海外华人研究与文献收藏机构国际合作会议”
2003 年 3 月 20—21 日	李明欢	加拿大	不列颠哥伦比亚大学中国研究中心	参加国际研讨会:“中国移民研究”,并发表论文
2003 年 3 月 31 日—4 月 1 日	李明欢	加拿大	萨斯喀彻温大学社会学系	做学术讲座,讲课
2003 年 1 月—2003 年 6 月	胡荣	美国	伊利诺伊大学东亚研究所	作为“弗里曼学者”访问
2001 年 10 月 1 日—2003 年 9 月 30 日	邓晓华	中国香港	香港城市大学中国语言学研究所	客座研究员
2003 年 8 月 19—22 日	李明欢	新加坡	——	参加“第三届国际亚洲学年会”,并发表论文
2003 年 10 月 24—25 日	李明欢	加拿大	不列颠哥伦比亚大学中国研究中心	参加国际研讨会:“全球化中的中国:人口、信仰与观念”,并发表论文

续表

时间	姓名	前往地区	举办方	事由
2003 年 11 月 27—30 日	李明欢	中国香港	香港中文大学性别研究中心与北京大学	参加“全球化与性别”国际学术研讨会,并发表论文
2003 年 11 月 19—26 日	李明欢	中国香港	香港中文大学	访学
2003 年 12 月 11—14 日	李明欢	马来西亚	马来西亚理工大学	参加“欧亚资本、知识与劳动力流动比较研究国际研讨会”,并发表论文
2004 年 11 月 2 日	陈茗	日本	日本中央大学	学院讲座:“亚洲的可持续发展与环境问题”
2004 年 4 月 5—7 日	李明欢	新加坡	新加坡国立大学与新加坡华裔馆	参加“Asian Diasporas: Re-visiting the Chinese and South Asian Experiences”会议
2004 年 5 月 10—14 日	李明欢	丹麦	——	参加第五届国际华人研究会学术会议,并发表论文
2004 年 5 月 5—9 日	李明欢	挪威	奥斯陆大学	参会发表论文并做讲座
2004 年 7 月 28 日—9 月 20 日	李明欢	荷兰	阿姆斯特丹大学	访学
2005 年 3 月	陈茗	日本	日本人口学会	南强讲座第 124 期:“21 世纪少子老龄化与经济结构转变”

续表

时间	姓名	前往地区	举办方	事由
2005年3月	陈茗	日本	日本中央大学	人口与老龄化中日学生交流会
2005年1月8—16日	李明欢	荷兰	阿姆斯特丹大学	参加国际学术研讨会："Illegal but Licit: Transnational Flows and Permissive Policies in Asia"，并发表论文
2005年8月17—20日	李明欢	新加坡	——	参加"第三届海外华人及文献收藏国际会议：海洋亚洲与海外华人"
2005年10月21—22日	李明欢	中国香港	香港科技大学	参加"People on the Move: The Transnational Flow of Chinese Human Capital"并发表论文
2005年11月10—12日	李明欢	印度	国家劳工研究所	参加"Towards Global Labour History: New Comparisons"会议并发表论文
2005年12月1—2日	李明欢	中国台湾	台湾玄奘大学	参加"新世纪移民国际学术研讨会"
2006年	杨晋涛	英国	萨塞克斯大学	短期海外研修项目
2006年4月	张友琴	中国台湾	台湾东吴大学	参加两岸社会政策研讨会

续表

时间	姓名	前往地区	举办方	事由
2006 年 7 月 13—16 日	李明欢	中国香港	香港大学	参加“东亚人类学与人类学在东亚”国际学术研讨会
2006 年 8 月	张友琴	泰国、菲律宾	中国社会工作教育协会	考察
2006 年 8 月 31 日—9 月 3 日	李明欢	斯洛文尼亚	卢布尔雅那大学	参加“第 16 届欧洲汉学研究会年会”
2006 年 9 月 8—10 日	李明欢	挪威	——	参加挪威第四届亚洲学研究会，担任评议人
2006 年 9 月 21—23 日	李明欢	法国	——	参加欧洲华侨华人社团联合会第 14 届年会
2006 年 9 月 12 日	李明欢	挪威	奥斯陆大学东方语言文化系	参加专题工作坊：“Chinese Individual and Collective”
2006 年 9—12 月	张洋勇	美国	韦德纳大学	访学
2006 年 10 月 2—7 日	胡荣	香港	香港城市大学	访问
2006 年 10 月 6—9 日	李明欢	中国台湾	台湾世新大学	参加“当代国际移民学术研讨会”，并发表论文
2007 年 1 月 1 日—3 月 30 日	邓晓华	中国香港	香港中文大学电子工程学系	访问学者

续表

时间	姓名	前往地区	举办方	事由
2007 年 1 月 24—28 日	李明欢	日本	立命馆亚洲太平洋大学	参会并发表论文
2007 年 4 月 16—22 日	李明欢	美国	北卡罗来纳大学	访问
2007 年 4 月 23 日—5 月 20 日	李明欢	法国	巴黎第七大学中国研究中心	讲学
2007 年 6 月	张友琴	中国香港	香港城市大学	应用社会科学系讲学
2007 年 8 月 1—10 日	李明欢	荷兰	国侨办欧洲调研团	考察调研
2007 年 8 月 11—15 日	李明欢	挪威	奥斯陆大学	参加"中国社会变迁：群体与个人(II)"国际研讨会，并发表论文
2007 年 10 月 26—27 日	李明欢	新加坡	南洋理工大学中华语言文化中心、新加坡华裔馆	参与"华人移民比较研究：适应与发展"国际学术研讨会，并发表论文
2007 年 11 月 10—21 日	李明欢	加拿大	加拿大西安大略大学、渥太华大学、多伦多大学、约克大学、不列颠哥伦比亚大学、加拿大亚太基金会	访问
2008 年	杨晋涛	美国	密歇根大学	访问学者

续表

时间	姓名	前往地区	举办方	事由
2008 年 1 月 23—26 日	李明欢	荷兰	阿姆斯特丹大学、印度特里凡得琅发展研究中心	参会并发表论文
2008 年 3 月 20—25 日	李明欢	泰国	福特基金全项目	评审专家
2008 年 5 月	周志家	瑞士	苏黎世联邦理工学院	无“两个中国”或“一中一台”问题
2008 年 5 月 12—17 日	胡荣、李明欢、易林、郑启五	加拿大	西安大略大学	参加“中加地方政府治理比较研究”研讨会
2008 年 9 月 19—20 日	张洋勇	美国	美国中西部学校社会工作协会（The Midwest School Social Work Council）	参加学术会议
2008 年 10—11 月	胡荣、易林	英国	布里斯托大学、牛津大学、利兹大学和伦敦政经学院	访问
2008 年 11 月 26—29 日	李明欢	西班牙	Bilbao 中国研究中心	参会并作发言

续表

时间	姓名	前往地区	举办方	事由
2008 年 11 月 24 日	李明欢	西班牙	马德里自治大学	学术讲座“Transnational Migration from South China: Regular and Irregular Dimensions”
2008 年 12 月 16—23 日	李明欢	东京	国际社会学学会	应邀参加国际社会学学会社会与地区发展研究会,并作发言
2009 年 1 月 1 日—3 月 30 日	邓晓华	美国	加州大学洛杉矶分校亚洲系	访问教授
2009 年 1 月 2—5 日	李明欢	中国台湾	台湾华侨协会总会、台湾玄奘大学等	“新时代·新视界·海外华人”国际学术研讨会,并发表论文
2009 年 1 月 15—18 日	张洋勇	美国	美国社会工作与研究会(The Society for Social Work and Research)	参加学术会议
2009 年 4 月 17—21 日	李明欢	法国		“经济危机对巴黎华侨华人影响”专题调研
2009 年 4 月 21 日—5 月 10 日	李明欢	挪威	奥斯陆大学	访问
2009 年 11 月 1—4 日	李明欢	荷兰	阿姆斯特丹大学	参加“社会保障比较研究第一届国际学术研讨会”,并发表论文

续表

时间	姓名	前往地区	举办方	事由
2010年9月	陈茗	日本	中央大学	交流访问
2010年	张先清	中国台湾	台湾清华大学	访问学者
2010年3月28—30日	李明欢	尼泊尔		参加"Policy Dialogue: Illegal but Licit: Transnational Flows and Permissive Polities in Asia"会议，并发表论文
2010年4月13—15日	胡荣	美国	特拉华大学	访问，发表学术演讲
2010年4月25日	胡荣	美国	哈佛大学	学术演讲
2010年6月2—15日	李明欢	南非	斯坦陵布什大学	讲学、调研
2010年9月	陈茗	日本	中央大学	交流访问
2009年10—8月	胡荣	美国	麻省理工学院	作为富布赖特学者访问
2011年3月29日	李明欢	马来西亚	马来亚大学中国研究中心	参会并发表论文
2011年5月	张友琴	中国香港	香港城市大学	应用社会科学系讲学
2011年6月19—22日	李明欢	中国香港	香港中文大学	参加ISSCO(国际华人研究会)国际学术研讨会，并发表论文

续表

时间	姓名	前往地区	举办方	事由
2011年8月8—10日	李明欢	越南	——	参加国际学术研讨会："中国新移民在东南亚及东亚状况比较研究"，并作发言
2011年9月19—23日	李明欢	意大利	莫纳什大学普拉托中心	参加"China in the world conference"会议
2011年9月23—29日	李明欢	意大利普拉托	普拉托	普拉托调研
2011年12月15日—2012年6月15日	邓晓华	日本	日本国立民族学博物馆	客座教授
2012年7月21—27日	李明欢	越南	SEASREP组织	参会
2012年8月11—18日	李明欢	法国	巴黎华商会	参会
2012年8月7—10日	李明欢	西班牙	——	参加"欧洲华侨华人社团联合会20周年庆典暨第17届大会"，并作发言
2012年9月11—24日	李明欢	匈牙利、罗马尼亚、俄罗斯	国侨办调研团	调研
2012年11月5—12日	李明欢	英国	南安普顿大学	参加国际学术研讨会

续表

时间	姓名	前往地区	举办方	事由
2013 年	朱家骏	中国台湾	台湾教育大学	讲学
2013 年 2 月 25 日—3 月 7 日	李明欢	英国	赫尔大学、南安普敦大学、伦敦政治经济学院、剑桥大学、牛津大学	访问考察
2013 年 3 月 2 日	李明欢	英国	伦敦政治经济学院	参加伦敦政治经济学院中国研究中心主办的国际学术研讨会，并作发言
2013 年 5 月 21—22 日	张洋勇	柬埔寨	国际劳工组织（International Labor Organization）艾伯特基金会［Friedrich—Ebert—Stiftung (FES)］	参加会议："Ideas for a Civil Society Roadmap to Social Protection: What Role for NGOs in Building Social Protection Floors and Comprehensive Social Security Systems in Asia?"
2013 年 6 月	张友琴	中国香港	香港城市大学	应用社会科学系讲学
2013 年 7 月	胡荣	中国台湾	台湾民主基金会	参加"中国大陆基层民主与选举学术研讨会"
2013 年 8 月 13—20 日	李明欢	马来西亚	马来西亚吉隆坡参会	参加 ISSCO 会议

续表

时间	姓名	前往地区	举办方	事由
2013 年 8 月 26 日—9 月 10 日	李明欢	法国、荷兰	荷兰丹华中文学校	参加在巴黎举办的“欧洲华商高峰论坛”并做主旨演讲，荷兰丹华中文学校主讲：“播爱今日·收获明天”
2013 年 9 月	陈茗	美国	威斯康星大学	讲座：“大国空巢：反思中国计划生育政策”
2013 年 9 月 23—26 日	李明欢	中国台湾	台湾师范大学	讲学
2013 年 11 月 26—27 日	胡荣等 5 人	英国	南安普敦大学孔子学院	参加政策网络研讨会
2014 年 1 月	徐延辉	中国台湾	台湾中正大学	参加学术会议
2014 年 1 月	陈茗	埃及	中国驻埃及大使馆	讲座：“从金字塔变形看中国的人口难题”
2014 年 2 月 23—28 日	胡荣	日本	南山大学	访问
2013 年 9 月—2014 年 8 月	易林	美国	加州大学圣塔芭芭拉合格	访学一年，并做学术报告
2014 年 8 月 9—11 日	胡荣	德国	弗莱堡大学	参加第五届中国研究国际学术研讨会
2015 年	黄鹤	中国香港	香港浸会大学、旧金山州立大学	访问学者
2015 年 2 月—3 月	陈福平	中国台湾	台湾逢甲大学	考察台湾社区营造

续表

时间	姓名	前往地区	举办方	事由
2015 年 4 月	陈茗	中国台湾	中华救助总会等	应邀参加“两岸社会福利研论坛”，发表“制度创新，推动养老产品制造业发展”
2015 年 5 月	陈茗	日本	加藤学院、虎之门医养集团	考察医养结合体与日本介护实习制度
2015 年 9 月	易林	澳大利亚	拉筹伯大学和墨尔本大学	学术讲座及项目合作
2015 年 9 月	阳妙艳	澳大利亚	拉筹伯大学和墨尔本大学	学术讲座及项目合作
2015 年 10 月	陈茗	日本	日中人事交流基金会	共同主办和主持第一届日中韩福祉产业研讨会
2016 年	葛荣玲	美国	哈佛大学	访问学者
2015 年 10 月 12—19 日	张洋勇	中国台湾	上海映绿公益事业发展中心、厦门市“温馨夕阳”咨询服务中心、台湾海棠文教基金会	参访台湾公益组织
2016 年 3 月	胡荣	中国香港	香港城市大学	学术交流、洽谈博士培养方案
2016 年 3 月	阳妙艳	美国	亚洲研究年会组委会	参加亚洲研究年会，做关于大学生教育经验的个人报告

续表

时间	姓名	前往地区	举办方	事由
2016 年 4 月	阳妙艳	中国香港	香港比较教育年会、香港大学	参加香港比较教育研究年会，做会议发言并听取同行专家的建议
2016 年 4 月	阳妙艳	中国香港	香港大学教育学院	受香港大学教育学院华正中国教育研究中心主任邀请商谈研究事宜
2016 年 6 月	陈茗	日本	日本健康福祉产业协会	讲座：“日本健康福祉事业合作事业”，受聘为常务理事
2015 年 9 月—2016 年 8 月	龚文娟	美国	密歇根大学	访问学者
2016 年 10 月	陈茗	日本	日本国会参议院协会会长	率团考察日本福祉事业，主持座谈会
2016 年 11 月	陈茗	日本	日中友好文化与商务协作中心	第 15 期研修会：中国养老产业讲座，受聘为中心顾问
2016 年 11 月 25—26 日	陈茗	日本	日本参议院协会、日本解剖学会	交流访问
2017 年 3 月	陈茗	日本	《人民日报》日本支局	考察日本社会福祉法人三德会，座谈与交流

续表

时间	姓名	前往地区	举办方	事由
2017 年 4 月	阳妙艳	香港	香港浸会大学	参加香港浸会大学第六届全球社会科学研究生会议（The 6th Global Social Sciences Graduate Students Conference）
2017 年 4 月	陈茗	日本	加藤学院	交流访问
2017 年 5 月 22—24 日	张洋勇	香港	香港理工大学	参加国际实务研究第 4 届会议，并做两项研究报告
2017 年 6 月	胡荣	美国、加拿大	华盛顿大学、不列颠哥伦比亚大学、圣地亚哥州立大学	访问考察
2017 年 6 月 9—29 日	胡荣	美国、加拿大	华盛顿大学、不列颠哥伦比亚大学	访问
2017 年 9 月	陈茗	日本	日本霓虹堂健康产业株式会社	第 9 期日本养老产业考察团专题讲座“CCRC：设施、服务及其最新动向”
2017 年 10 月	魏爱棠	中国台湾	金门系方圆公益协会	参访台湾各社区及社区产业
2018 年 4 月	陈茗	日本	日本《中国新闻月刊》编辑部	接受日中福祉问题采访
2018 年 4 月 22 日—30 日	胡荣	韩国	韩国首尔大学、釜庆大学	访问并参加韩国海洋社会学年会

续表

时间	姓名	前往地区	举办方	事由
2018年5月	任峰	中国香港	香港中文大学	学术讲座及合作研讨会
2018年5月	刘子曦	中国香港	香港中文大学	学术讲座及合作研讨会
2018年7月4—7日	张洋勇	爱尔兰	都柏林皇家学会(Royal Dublin Society)、世界社工大会	参会第四届世界社工大会,并作主题报告
2017年8月—2018年8月	陈福平	美国	美国州立大学	访问学者
2018年11月25—28日	王传超	新加坡	南洋理工大学	调研、访问
2019年1月8—11日	王传超	德国	马普人类历史科学研究所	参加会议"Transeurasian Millets and Beans, Language and Genes",并作发言
2019年4月	陈茗	日本	日中友好文化与商务协作中心	讲座:"粤港澳大湾区发展战略"
2019年5月	胡荣等	韩国	首尔市立大学	学术交流、访问考察
2019年6月	陈茗	日本	日中友好教育文化与商务协作中心	出席第三届中日健康福祉高峰论坛
2018年8月—2019年8月	魏爱棠	加拿大	不列颠哥伦比亚大学	访问学者

续表

时间	姓名	前往地区	举办方	事由
2018年8月—2019年8月	阳妙艳	美国	哈佛大学燕京学社	访问学者
2018年8月—2019年8月	刘子曦	美国	哈佛大学社会学系	访问学者
2018年8月—2019年8月	唐美玲	美国	密苏里大学哥伦比亚校区	访问学者，参加密苏里大学的学术讨论与交流
2019年6月13—14日	张洋勇	中国香港	香港明爱专上学院	参加学术会议
2019年7月15—17日	张洋勇	泰国	国立发展管理学院(National Institute of Development Administration)、第三部门国际研究会(The International Society for Third-Sector Research)	参加第三部门国际研究会亚太区域会议2019年年会，并作主题报告
2019年10月	卜玉梅	瑞士	苏黎世联邦理工学院	学术交流
2019年10月	陈茗	澳大利亚	澳中企业家俱乐部	旅澳华侨养老问题考察与座谈
2019年	葛荣玲	中国香港		Animal-Human Interactions in Anthropocene China & Asia

续表

时间	姓名	前往地区	举办方	事由
2018 年 12 月—2019 年 12 月	冯莎	挪威	奥斯陆大学	访问学者
2018 年 12 月—2019 年 12 月	张志培	挪威	卑尔根大学	访问学者

3.通过邀请海内外知名学者到各系访问、讲学,深化交流与互动

早在 20 世纪 80 年代,就有海外知名学者到各系访问交流。美国爱荷华州立大学的黄树民教授 1984 年在厦门从事田野调查,并受聘到厦门大学人类学系为师生讲授“应用人类学”课程。

在 1990 年代,与香港的部分高校和研究机构建立交流和合作关系。1994 年,香港城市大学和香港社会工作机构的关锐煊、吴水丽等学者到系所访问。1995 年,香港城市大学应用社会科学系教师代表团一行 15 人访问系所。

受邀的还有香港理工大学应用社会科学系的梁诗明、叶少勤两位社会工作专家,美国特拉华大学社会学与刑事司法系 Ronet Bachman 教授和孙懿贤(Ivan Sun)教授,瑞士苏黎世联邦理工学院社会学系教授兼系主任 Andreas Diekmann 和德国美茵兹大学社会学系教授 Peter Preisendoerfer,美国加州大学伯克利分校王灵智教授,以及美国雪城大学政策研究中心社会学马颖毅副教授,等等。此外,两系也邀请美国加州大学伯克利分校、美国雪城大学政策研究中心以及香港城市大学应用社会科学系等著名高校和科研机构的师资在小学期期间进行授课和交流。

图 22　2008 年 6 月 23 日，台湾中正大学社会福利系官有垣、王德睦教授来访

图 23　2008 年 7 月 10 日，荷兰 Jane Breman 教授来访

表8　海外高校、研究机构教师来访情况

时间	来访人员	来自地区	具体单位	事由
1995年3月3日	关锐煊、吴水丽	中国香港	香港城市大学和香港社会工作机构	访问
1996年1月18—21日	香港城市大学应用社会科学系主任巿永泰教授率教师代表团一行11人	中国香港	香港城市大学	访问
1996年5月2—6日	加加美光行、绪形康教授	日本	爱知大学	访问
2004年6月29日—7月3日	陈志柔、吴介民带领台湾清华大学社会学系学生10人	中国台湾	台湾清华大学	访问
2004年4月22日	Guenter Kueppers	德国	比勒费尔德大学	访问
2004年10月31日—11月7日	Peter Weingart	德国	比勒费尔德大学	访问
2007年4月	Tim Murphy教授(副校长)	英国	伦敦政治经济学院	访问并开设讲座
2008年5月	Matthew Cole和Karen Morgan博士	英国	布里斯托大学	开设有关人类内部及人类和动物/环境等级关系的课程

续表

时间	来访人员	来自地区	具体单位	事由
2008年	官有垣主任和王德睦教授	中国台湾	台湾中正大学社会福利系	访问并开设讲座
2010年5月	莫家豪教授	中国香港	香港教育学院	开讲座并与厦门大学公共事务学院签订双方合作备忘录
2011年4月	Simon Weaver博士	英国	拉夫堡大学	给研究生开设媒体与批判话语分析课程
2012年1月	官有垣主任等一行人员	中国台湾	台湾中正大学社会福利系	访问
2012年3月	Andreas Diekmann、Peter Preisendoerfer	瑞士、德国	苏黎世联邦理工学院、美茵兹大学	开设“西方环境社会学研究”课程
2012年8月27日	松户庸子	日本	南山大学	访问
2012年12月	中德两国的80多名专家学者、政府官员、企业家、民间组织和记者代表	德国		合作举办“气候变化背景下的‘里约＋20’峰会与可持续的垃圾处理”中德研讨会

续表

时间	来访人员	来自地区	具体单位	事由
2015 年 6 月 28 日—7 月 4 日	Andreas Diekmann、Peter Preisendoerfer	瑞士、德国	苏黎世联邦理工学院、美茵兹大学	探讨在德国、瑞士和中国进行环境和气候议题方面的比较研究合作等事项
2016 年 10 月	George Watson、Karen Parker、Aaron Kupchik、Ivan Sun（孙懿贤）、Aaron Fichtelberg	美国	特拉华大学	签订研究生培养合作协议
2018 年 9 月 20 日	William Achauer 编辑总监	德国	施普林格（Springer）出版社经管、商业和政治学	进行学术著作出版等交流活动
2019 年 1 月	张元浩教授一行 10 人	韩国	首尔大学	访问
2018 年 6—7 月	Ronet D. Bachman、Aaron Fichtelberg、孙懿贤、吴瑜宁、梁君国	美国、香港	特拉华大学、韦恩州立大学、香港城市大学	举办“2018 年暑期犯罪学与研究方法研修班”
2019 年 7 月	孙懿贤、卓越、Chrysanthi Leon、Asia Friedman	美国	特拉华大学	举办“2019 年暑期犯罪学研修班”

图 24　1995 年 3 月 3 日，香港城市大学关锐煊、吴水丽教授与厦门大学社会工作专业教师座谈

4.通过与国际知名学者合作发表论文，推进实质性合作

1989 年，厦门大学人类学系与美国斯坦福大学人类学教授武雅士（Arthur Wolf）、台湾“中研院”民族所庄英章教授及潘年英教授进行“台湾与福建两地民族志基本调查与比较研究计划”，闽台社会文化比较调查研究计划为期五年。这次合作的成果后编撰成人类学调查系列丛书。

胡荣教授与特拉华大学社会学与刑事司法学系孙懿贤教授合作完成英文论文“Public Assessments of the Police in Rural and Urban China：A Theoretical Extension and Empirical Investigation”，并在世界顶级犯罪学期刊 *The British Journal of Criminology：An International Review of Crime and Society* 的 2013 年第 53 卷上刊出。易林与阳妙艳跟拉筹伯大学 James Leibold 一起与其他澳洲、美国学者合作进行中国民族教育研究，成果发表于 *Asian Studies*

Review。

5.通过各种途径资助本、硕、博学生赴境外参加学术会议以及交流学习，拓展学生的国际视野

社会学系与社会工作系在加强学生的对外交流合作方面取得了显著成效。两系已经与牛津大学、剑桥大学、乌特勒支大学、香港大学、香港中文大学、台湾大学等境外名校建立了友好交流关系。

6.通过各类交换项目或修读学位的方式，吸引了一批国际学生，促进交流

表 9　境外学生来系学习交流情况

姓名	学生类别	国家（地区）	到校时间	来华交流目的
黄可欣	硕士研究生	马来西亚	200809	攻读硕士
Kateryna Bugayevska	博士研究生	乌克兰	201209	留学生中国政府资助
Sandra Nesic	博士研究生	南斯拉夫	201209	留学生中国政府资助
Georg Meng	硕士研究生	奥地利	201209	留学生中国政府资助
Irene Masdeu Torruella	博士研究生	西班牙	201309	留学生中国政府资助
Izbassarova Dilara	博士研究生	哈萨克斯坦	201309	留学生中国政府资助
Warren George Hyde	博士研究生	美国	201309	留学生中国政府资助
Anas Elochukwu	博士研究生	尼日利亚	201309	攻读博士
Andreas Krabbe	博士研究生	德国	201309	留学生中国政府资助

续表

姓名	学生类别	国家（地区）	到校时间	来华交流目的
Judith Schone	博士研究生	德国	201409	留学生中国政府资助
Bram Colijn	博士研究生	荷兰	201407	田野调查及学术交流
Agnieszka Magdalena Jozefiak	博士研究生	波兰	201509	留学生中国政府资助
Ortega Quesada Juan Miguel	硕士研究生	哥斯达黎加	201509	留学生中国政府资助
Uchiyama Yuika	硕士研究生	意大利	201509	留学生中国政府资助
Sandra Angelika Stefanie Gilgan	博士研究生	德国	201509	新汉学计划中外合作培养博士项目
Simon Decker	硕士研究生	法国	201709	攻读硕士

（二）国际合作——与美国特拉华大学建立合作关系

早在2009年，厦门大学社会学与社会工作系就与美国特拉华大学开展了学术交流。2011年4月7日，美国特拉华大学社会学与刑事司法学系代表团来访，与厦门大学社会学与社会工作系签订了学生交流协议。

2016年10月14日，美国特拉华大学代表团一行5人来访，下午3点在厦门大学成智楼221室签订特拉华大学社会学与刑事司法学系和厦门大学社会学系研究生培养合作协议。成立于1743年的特拉华大学，已有超过270年的校史，是美国最古老也是最主要的研究型大学之一，在很多专业领域都非常著名。其社会学系成立于20世纪初，至今已有超过百年的历史，拥有社会学、犯罪/刑事司法学、法律、哲学、政治、历史等专业全职教授近30人，多人为世界闻名的专家学者。

为提升犯罪学在中国的发展，厦门大学社会与人类学院与特拉华大学社会与刑事司法学系合作举办研修班，由来自特拉华大学的 Ronet D. Bachman（教

图 25　2009 年 1 月，美国特拉华大学社会学与刑事司法学系 Ronet D. Bachman 教授和孙懿贤教授来访

授，社会与刑事司法学系）、Karen Parker（教授，社会与刑事司法学系主任）、Aaron Kupchik（教授，社会与刑事司法学系研究生主任）、Aaron Fichtelberg（副教授，社会与刑事司法学系中国项目授课教授）、孙懿贤（教授，社会与刑事司法学系中国项目主任），韦恩州立大学的吴瑜宁和香港城市大学的梁君国教授等开设相关课程。继 2018 年后，2019 年再次在厦门推出为期三周的犯罪学暑期研修班，由来自特拉华大学的孙懿贤、卓越、Chrysanthi Leon、Asia Friedman 等美国知名犯罪学与社会学者就警察、毒品、惩罚与社会学理论等专题进行中英文授课，并就此开设了四门课程，分别是"中美两国警察研究现况与未来方向"、"毒品与社会"、"现代社会惩罚"和"社会学理论的发展"。培训项目为对犯罪学有兴趣的青年教师与学生提供了一个绝佳的学习机会，主要目标是通过系统的理论与研究方法的训练，培养中国新世代的杰出犯罪学者。

图 26　2011 年 4 月 7 日，美国特拉华大学社会学与刑事司法学系同厦门大学社会学与社会工作系签订学生交流协议

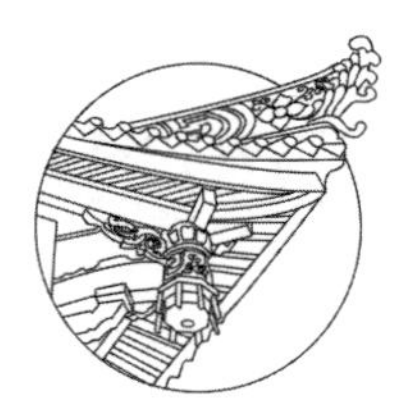

第五部分 教学成果

一、专业设置

(一)社会学

厦门大学社会学系提供社会学专业法学学士学位。社会学专业学生的学制为4年,毕业后授予法学学位。从2006年起,社会学本科人才培养方案经历多次调整(调整时间分别为2013年、2014年、2015年以及2019年),在培养方针、培养目标和要求等方面,逐步明确、细化和完善。

在2019年制定的社会学专业本科生培养方案中,对该专业学生的培养目标为:培养具有高度的社会责任感和良好的人文素养,具备科学精神和全球视野,富有时代精神、社会洞察力和创新意识,理性务实,系统扎实地掌握社会学基础知识、基本理论和应用技能,能在政府部门、企事业单位、高校、研究机构、传媒机构、咨询调查机构等从事管理、宣传、教学、科研、调查咨询等工作的专门人才。在强化社会学专业基础知识学习的同时,鼓励学生在多层次和多学科交叉领域参与学习、研究和社会实践,实行分流培养,注重个性化发展。学生通过四年学习,应达到如下毕业要求:

(1)具有正确的价值观、良好的人文社会科学素养和高度的社会责任感,具有行业职业道德;(2)在职业发展中具备团结协作以及国际视野下沟通、交流、合作和竞争的能力;(3)掌握社会科学的基本理论与基本方法,具备良好的学习能力;(4)掌握社会学专业的基本理论、知识和技能,掌握前沿理论和发展趋势;(5)在社会学专业及相关领域具备科学研究的能力,具有敏锐的社会洞察力、分析社会现象和社会问题的能力,具有优秀的管理能力、沟通能力和组织协调能力;(6)具备终身学习、开拓创新和适应发展的素质。

（二）人类学

厦门大学人类学与民族学系设有人类学本科专业。人类学本科专业学生的学制为 4 年，毕业后授予法学学位。从 2013 年起，人类学本科人才培养方案经历多次调整，在培养方针、培养目标和要求等方面，逐步明确、细化和完善。

在 2019 年制定的人类学与民族学专业本科生培养方案中：人类学专业旨在培养德、智、体、美全面发展，具有现代科学思想和优良人文品质，掌握人类学基础理论、方法、技术的专门人才。本专业的学生应具有一定的人文社会科学和自然科学基本理论知识和研究方法，既有较广的知识面、又掌握本专业及其相关的基础知识、基本理论、基本方法和基本技能，具有独立获取知识、提出问题、分析研究问题和解决问题的基本能力与创新精神，较广的适应性和较强的自我更新能力。学生毕业后能适应党政机关、公共事业、宣传、社会评估、宗教、民族、民政、政策研究等工作。

（三）社会工作

厦门大学社会工作系提供社会工作本科专业。社会工作本科专业学制为 4 年，学生毕业时获得法学学位。从 2006 年起，社会工作本科人才培养方案同样经历多次调整（调整时间分别为 2013 年、2014 年、2015 年以及 2019 年），在培养方针、培养目标和要求等方面，逐步明确、细化和完善。

在 2019 年制定的社会工作专业本科生培养方案中，对学生的培养目标为：培养具有高度的社会责任感和良好的人文素养，具备科学精神和全球视野，富有时代精神、社会洞察力、社会关怀意识和社会服务意识，理性务实，系统扎实地掌握社会工作基础知识、基本理论和实务技能，能在民政、劳动和社会保障、司法、卫健、教育等政府部门，老年、工会、青少年、妇女等社会组织，及其他社会福利、社会服务和公益团体等机构，从事社会服务操作与评估、社区发展与管理、社会保障、社会政策研究和社会公共事务管理等工作的专门人才。在强化社会工作专业基础知识学习的同时，鼓励学生在多层次和多学科交叉领域参与学习、研究和实践，实行分流培养，注重个性化发展。学生通过 4 年学习，应达到如下毕业要求：

在素质上，(1)具有正确的价值观和道德观，爱国、诚信、守法；具备良好的个人品格修养，文明、正直、务实、开放、利他；具备良好的人文和科学素养，掌握科学的世界观和方法论；(2)具备社会工作专业价值观与行业伦理意识，关怀弱势、关心个人与社会福祉；具有敏锐的社会洞察力、高度的社会责任感和良好的协作精神，能够践行专业价值伦理；具有健康的体魄和良好的心理素质，能够自我关怀，适应社会环境和社会人群的不断变化和发展。在知识、技能上，(3)掌握本专业所需的社会学、心理学、人类学和法律等相关学科的基本知识，了解社会运行和人类发展的基本规律；掌握一门外语及基本的信息技术和自然科学知识；(4)系统掌握社会工作基本理论、基础知识和实务技能，了解社会工作学科的知识体系和发展趋势；能够具备社会科学研究的基本能力，了解社会福利制度的相关知识。在专业能力上，(5)了解社会工作实际服务场景，能够科学评估服务需求与问题，熟练运用社会工作专业方法，具有开展专业社会服务的基本能力，特别是在健康、社区、教育、社会救助等领域从事老人照顾服务、精神健康服务、社区发展服务以及儿童青少年服务的能力；(6)具有良好的科学研究能力、社会倡导能力、交往能力、组织管理与协调能力；具有良好的自主学习与专业反思能力。

二、课程体系

(一)社会学本科课程设置及调整

在社会学本科人才培养方案的多次调整中，为了适应人才培养的目标和要求，社会学课程设置也相应进行了调整，在不同阶段对学分要求进行了不同的规定，开设课程类型多样化，学生选课自主性增强等。

2019 年的课程设置及要求为：本专业学生在学期间应修满 140 学分，成绩合格方可毕业。选课要求及注意事项如下：

本专业学生的课程包括：公共基本课程 31 学分，通识课程 16 学分，学科通修课程 21 学分，专业课程 59 学分(含短学期)，其他教学环节 13 学分，该环节包括军事技能(2 学分)、创新实践(2 学分)、毕业实习(5 学分)、毕业论文(4 学分)。专业(方向)课程模块设置如下:

专业必修课程:6 学分。此类课程适用于本专业所有学生,学生应严格安排按照课程表的安排上课,不得缺修。

专业选修课程:43 学分。此类课程中包含社会学学科的专业核心课程和专业选修课程,专业课程按照内容和研究方向大致分为中外社会学理论、社会学分支方向、科研论文写作、文化与社会心理四类课程模块,供学生选修。

跨学科选修课程:10 学分。此类课程包含社会工作学科、人类学学科课程,同时支持学生根据兴趣爱好、能力或升学、出国、就业等不同需求自主选择社会工作、人类学专业或其他专业大类专业课程。学生修读本院开设的跨学科选修课程或其他人文社科类学院开设的专业课程均可认定为跨学科选修课程学分。

短学期选修课程:5 学分。短学期主要安排国内外专家学者或本系教师讲授专题性课程,具体课程每学年会进行适当调整。其中,短学期向本系一年级、二年级学生提供不少于 5 学分的教学内容(学生在一年级短学期至少选修 2 个学分,二年级短学期选修至少 3 个学分);三年级短学期不再设课堂教学课程,而是安排学生参加社会实践,参与实习、实训。学生可参加由系组织的集中实践、实习或实训,也可自行联系实习实训单位,并按规定完成实习实训内容;学生也可通过参加教师的科研课题研究而获得相应学分。课程开设情况如下:

1.公共基本课,学生最低必修 31 学分。开设课程如下:大学英语、大学体育、中国近现代史纲要、计算机应用基础、思想道德修养与法律基础、军事理论、毛泽东思想和中国特色社会主义理论体系概论、马克思主义基本原理概论、当代世界经济与政治、形势与政策。

2.通识教育,学生最低必修 6 学分,学生最低选修 10 学分。课程如下:跨学科基本课程、新生研讨课、微积分 IV、大学生心理健康、大学语文、创业基础。

3.学科通修,学生最低必修 21 学分,学生最低选修 0 学分。开设课程如下:社会学概论、文化人类学概论、社会工作概论、社会统计学、人类学个案研究方法、社会科学定量研究方法、社会学定性研究方法。

4.学科或专业方向性课,学生最低必修 6 学分,学生最低选修 51 学分。开设课程如下:社会学研习 A、社会学研习 B、社会学研习 C、社会学研习 D、人口学概论、古典西方社会学理论、普通心理学、中国社会学史、社会福利与社会保障、中国少数民族社会与历史研究、社会人类学与中国研究、体质人类学、移民人类学、人类成长与社会环境、中国社会思想史、社会心理学、学术论文写作指南、社会分层与社会流动、性别研究、人类学理论与思想、东南民族研究、民族学概论、人类学史、个案工作、团体工作、社区工作、社会学视野 A、社会学视野 B、社会调查、职业生涯规划与就业创业指导、现代社会学理论、教育社会学、传媒社会学、法律社会学、身体社会学、应用人类学、考古人类学、人类学原著导读、社会工作行政、发展社会学、经济社会学、社区概论、环境社会学、政治人类学、原始经济、亲属制度研究、民族理论与民族政策、医学人类学。

5.其他教学环节，学生最低必修 14 学分，学生最低选修 0 学分。包括：军事技能、毕业实习、毕业论文、创新实践。

（二）人类学本科课程设置及调整

在人类学本科人才培方案的多次调整中，课程设置也相应进行了调整，在不同阶段对学分要求进行了不同的规定，开设课程类型多样化，学生选课自主性增强等。

2019 年的课程设置及要求为：人类学专业的学生必须依照本教学计划，修满至少 140 学分方能毕业。选课要求及注意事项如下：

本专业学生的课程包括：公共基本课程 31 学分，通识教育课程 16 学分，学科通修课程 21 学分，专业（或方向性）课程 56 学分。其他教学环节必修 14 学分，由军事训练、创新实践、田野实践和毕业论文以及中期学年论文 5 个部分组成。课程开设情况如下：

1.公共基本课程，最低必修 31 学分，最低选修 0 学分。课程设置如下：中国近现代史纲要、思想道德修养与法律基础、毛泽东思想和中国特色社会主义理论体系概论、马克思主义基本原理概论、形势与政策、当代世界经济与政治、军事理论、体育、大学英语、计算机应用基础。

2.通识教育课程，最低必修 6 学分，最低选修 10 学分。课程设置如下：新生研讨课、跨学科基本课程、创业基础、大学生心理健康、微积分 IV、大学语文。

3.学科通修课程，最低必修 21 学分，最低选修 0 学分。课程设置如下：社会学概论、文化人类学概论、社会工作概论、社会统计学、社会科学定性研究方法、社会科学定量研究方法、人类学个案研究方法。

4.专业方向课程，最低必修 12 学分，最低选修 44 学分。课程设置如下：生物人类学实验方法、专家专题讲座、古典社会学理论、中国社会学史、旅游人类学、中国少数民族社会与历史研究、社会人类学与中国研究、人类学与现代生活、考古人类学、体质人类学、百越民族文化、移民人类学、都市人类学、人类学理论与思想、东南民族研究、民族学概论、人类学史、乡村人类学、语言人类学、非洲研究、符号象征与语言、民族志写作、现代社会学理论、法律社会学、身体社会学、应用人类学、发展人类学、经济人类学、商务人类学、东亚族群起源迁徙历史、法医人类学、博物馆人类学、东亚民族文化、人类学原著导读、中国社会思想史、现代性与比较喜剧研究、政治人类学、影视人类学、巫术与宗教研究、海洋人类学、原始经济、亲属制度研究、民俗学概论、民族理论与民族政策、人类早期食物与早期农业、印欧语人群的迁徙与混合、华南民间宗教、汉人社会组织、经济社会学、医学人类学、饮食人类学、生态人类学、台湾高山族研究、法国年鉴学派人类学思想研究、华侨华人社会文化——东南亚专题、中国传统社会与文化、历史人类学、身体、感知与媒介、物的人类学、亚洲北部人群的起源、职业规划与就业指导。

5.其他教学环节，最低必修 14 学分数，最低选修 2 学分。包括：军事技能、创新实践、基地实践教学(上)、基地实践教学(下)、社会实践、田野实践、中期学年论文、毕业论文。

(三)社会工作本科课程设置及调整

在社会工作本科人才培养方案的多次调整中，为了适应人才培养的目标和要求，社会工作课程设置也相应进行了调整，在不同阶段对学分要求进行了不同的规定，开设课程类型多样化，学生选课自主性增强等。

2019 年的课程设置及要求为：本专业学生在学期间应修满 140 学分，成绩合格方可毕业。选课要求及注意事项如下：

本专业学生的课程包括：公共基本课程 31 学分，通识课程 16 学分，学科通修课程 21 学分，专业方向课程 53 学分(含短学期与跨学科课程)，其他教学环节 19 学分，该环节包括军事技能(2 学分)、创新实践(2 学分)、毕业实习(5 学分)、毕业论文(4 学分)、社工专业实习(6 学分)。

专业(方向)课程模块设置:专业方向课程模块包括专业选修课程、短学期课程与跨学科课程3类。此模块课程按照内容和研究方向涵盖社会科学知识基础、社会工作方法与实务、社会福利与社会管理三个方面,供学生选修。

专业选修课程:专业选修开设课程共19门,包括社会工作理论基础课程、社会工作实务方法伦理课程与方向性社会工作实务课程三类。其中,二年级课程设置重点在于帮助学生认识理解社会工作服务场景、掌握基本的社会工作直接服务方法;三年级课程设置旨在展现社会工作基本人群服务领域的实务运用,协助学生掌握在这些基本领域开展实务工作的能力,并培养学生在社区与社会行政层面宏观社会工作的基本服务能力;四年级课程设置重点培养学生运用和影响社会政策的基本能力,并能够对特定专精服务领域有初步的认识。

短学期选修课程:短学期主要安排实习实训、国内外专家学者或本系教师讲授专题性课程。其中,一年级短学期主要开设专题性选修课程,专题性具体课程每学年会进行适当调整。大一专题性课程选修至少2学分,不多于3学分。二、三年级短学期均不安排专题性选修课程。二年级短学期安排必修的社工集中式专业实习;三年级短学期安排学生参加必修的毕业社会实践,参与实习、实训。学生可参加由系组织的集中实践、实习或实训,也可自行联系实习实训单位,并按规定完成实习实训内容;学生也可通过参加教师的科研课题研究而获得相应学分。

跨学科选修课程要求选修10分。

课程开设情况如下:

1.公共基本课,学生最低必修31学分。课程如下:大学英语、大学体育、中国近现代史纲要、计算机应用基础、思想道德修养与法律基础、军事理论、毛泽东思想和中国特色社会主义理论体系概论、马克思主义基本原理概论、当代世界经济与政治、形势与政策。

2.通识教育,学生最低必修6学分,学生最低选修10学分。课程如下:跨学科基本课程、新生研讨课、微积分Ⅳ、大学生心理健康、大学语文、创业基础。

3.学科通修,学生最低必修21学分,学生最低选修0学分。课程如下:社会学概论、文化人类学概论、社会工作概论、社会统计学、人类学个案研究方法、社会科学定量研究方法、社会学定性研究方法。

4.学科或专业方向性课,学生最低必修9学分,学生最低选修44学分。课程如下：社会科学论文写作、社会创业、职业生涯规划与就业创业指导、社会问题、普通心理学、人类成长与社会环境、社会福利与社会保障、古典西方社会学理论、都市人类学、社会人类学与中国研究、社会心理学、个案工作、团体工作、社区工作、家庭社会工作、婚姻家庭与继承法、社会分层与社会流动、青少年社会工作、社会工作伦理、医务社会工作、社会工作行政、应用人类学、发展人类学、教育社会学、现代西方社会学理论、法律社会学、心理咨询与心理辅导、老年社会工作、健康照顾社会工作、非营利组织与社会工作、社会学学术论文写作、发展社会学、环境社会学、汉人社会组织、社会政策、儿童福利与社会工作、精神健康社会工作、医学人类学。

5.其他教学环节，学生最低必修19学分，学生最低选修0学分。包括：军事技能、毕业实习、毕业论文、创新实践、社会工作专业实习。

三、精品课程与教改项目

1.“社会学专业本科生定量研究方法训练”

类型：福建省本科高校一般教育教学改革研究项目

时间：2019年

等级：省部级

授予部门：福建省教育厅

简介：本项教学改革的意义在于通过对定量研究方法课程讲授方式的全面改革，让学生提高对定量研究方法的学习兴趣，通过全面的训练让学生扎实掌握定量研究的方法和技巧。本项改革的思路是，通过系统而深入浅出的讲授，克服学生对定量方法的畏难情绪，掌握定量研究数据分析方法；通过强调统计学知识在研究中的应用，把抽象的统计学原理与具体的定量研究实践相结合，让学生找到写作定量研究论文的方法；通过组织学生自选课题调研，让学生经历课题调研的全过程，能够独立主持定量课题的研究。围绕系统训练本科生的定量研究方法这一主题，本项改革采用如下措施：第一，由经验丰富的教师深入浅出地讲授定量研究的理论和方法。第二，通过参与自选研究课题的研究，让学生在研究实践中掌握方法。第三，强调统计方法的应用，让每个学生把掌握的统计知识直接运用于写作定量研究的学术论文。第四，指导学生阅读相关文献，提升学生的理论素养。

2."'实务—教学—研究'三位一体社会工作实践创新人才培养模式"

类型：福建省本科高校一般教育教学改革研究项目

时间：2019 年

等级：省部级

授予部门：福建省教育厅

课程负责人：童敏

简介：本教改项目重点解决的问题包括：(1)MSW 研究生培养的过程规范性不足；(2)实践教学上重实务轻研究、学生缺乏独立解决实务情境问题和拓展实务的能力；(3)实践教学与课程教学相互脱节，学生进入实务场景准备不足；(4)实践基地校外导师实践教学能力不足；(5)MSW 专业学位研究生教育的定位和机制不够明确。

本教改项目的基本思路是建立"实务—教学—研究"三位一体的 MSW 研究生培养模式，强调"以实务为基础，以研究为导向，以教学为核心"三位一体培养模式，打造福建省 MSW 专业学位教育的样板。所谓"以实务为基础"，即明确 MSW 应用型研究生的培养重点在于实务能力提升，社会工作作为应用性学科应立足经济社会发展需要，关注实际问题的解决，以实务研究推动实务发展与学生能力培养。"以研究为导向"，强调不仅要培养学生做的能力，更要培养学生在做中运用研究来提高对实务问题的理解、解决与拓展能力，增强学生生产本土社会工作知识的能力；同时，借助实务情境问题解决的协同研究过程提升实务导师的实践教学能力。"以教学为核心"，强调教学是 MSW 教育的根本，实务的参与、知识的生产最终要回馈到教学过程，提升人才培养的质量。将"实务—教学—研究"整合成三位一体，是为了实现以研究促进实务与教学的双向互动，深化高级实务人才的培养模式改革。

四、教学成果奖

（一）国家级教学成果奖

1.“社会科学定量研究方法”

授予部门：教育部

获奖等级：首批国家级一流本科课程

获奖时间：2019 年

课程负责人：胡荣

课程团队其他主要成员：陈福平、杨凌燕

简介：“社会科学定量研究方法”课程通过介绍定量研究的课题设计、抽样、问卷设计、数据分析等内容，力图达到如下目的：第一，学习如何撰写定量研究课题计划，利用定量方法进行相关课题申请和目设计；第二，能够独立承担课题的研究工作；第三，学会使用 SPSS 软件进行初中级统计分析；第四，学会运用定量数据写作学术论文。

课程旨在激发同学们对社会现象进行科学探索的好奇心和激情，引导同学们了解甚至熟悉对社会现象进行科学探索的多种思维、获得对社会现象进行探索的基本能力如研究设计、概念化、操作化、统计检验和计算检验的入门级能力。在课程设计上，更加注重培养社会科学研究的基础思维。每个模块从案例入手，引出社会科学方法内容，模块之间在知识上既相互独立、又逻辑相连。通过本门课的学习，将了解社会调查与研究的科学思维，同时掌握社会调查与研究的基本方法。

2.“社会学与生活”

授予部门：教育部

获奖等级：首批国家级一流本科课程

获奖时间：2019 年

课程负责人：易林

课程团队其他主要成员：唐美玲、龚文娟

简介："社会学与生活"课程是厦门大学社会与人类学院在厦门大学通识教育中心的大力支持下开设的通识课中的品牌课程，在师资团队建设和课程质量标准建设上遵循严格的标准，因此深受全校同学欢迎，学生的参与热情极高，在学生中获得很高的测评分数和评价；同时，该课程也成为校内外同行学习、模仿的样板。课程以与国际接轨的教学模式及教学内容开设，以学生为中心，以互动为基本形式，以课堂及社会为学习的核心场域，培养学生自主探索的学习精神和批判反思的思维能力，以及全球视野和社会公平、社会正义的价值观，是一门集学科理论、研究方法、思维训练、自主学习精神以及公民美德培养为一体的最具综合性和基础性的学科课程，对于培养本科生的综合创新能力具有重要的价值。

通过学习"社会学与生活"，学生能够：(1)对社会学所研究的问题、理论和方法有一个整体性的了解，对重要的社会问题和社会理论有比较深入的理解和比较丰富的知识；(2)养成独立、比较、批判的思维习惯，并初步具备运用理论洞察力、数据搜集和田野调查技能以及数据分析技能和工具，对社会问题进行科学、综合和比较深入的调查和分析的能力；(3)熟悉学术文献语言并掌握学术写作规范；(4)培养出文化差异意识，学会从不同视角看待世界；(5)进行自我启蒙，增加自我认知。

（二）省部级教学成果奖

1."深入浅出讲授定量研究方法"

授予部门：福建省社会学会

获奖等级：福建省社会学优秀教学成果奖一等奖

获奖时间：2019 年

课程负责人：胡荣

简介：本项课程教学改革的重点问题是如何让学生把定量研究课程所讲授的方法运用到研究中去。针对文科生对统计和定量方法有畏难情绪的现状，本课程配备具有几十年研究和教学经验的教师讲授定量研究方法课。主讲教师胡荣教授自 2001 年起就给本科生讲授定量研究方法，而且做了大量的问卷调查，在国内社会学顶级期刊《社会学研究》上发表十多篇定量研究论文，具有丰富的主持大型问卷调查和写作定量研究论文的经验。在讲授中，本项目要求任课教师把高深的统计学道理用浅显的语言讲清楚，让没有高等数学基础的文科生也能弄清楚明白。

本课程在教学改革中的举措主要有如下三个方面：第一，由经验丰富的教师深入浅出地讲授定量研究的理论和方法；第二，通过参与自选研究课题的研究，让学生在研究实践中掌握方法；第三，强调统计方法的应用，让每个学生把掌握的统计知识直接运用于写作定量研究的学术论文。

本课程的特色是，通过参与自选研究课题的研究，让学生在研究实践中掌握方法；强调统计方法的应用，让每个学生把掌握的统计知识直接运用于写作定量研究的学术论文。

2.“以实践为中心，以专业化为标准，以本土化为核心：社会工作专业本科培养模式改革与实践”

授予部门：福建省社会学会

获奖等级：福建省社会学优秀教学成果奖一等奖

获奖时间：2019 年

课程负责人：魏爱棠

简介：“以实践为中心，以专业化为标准，以本土化为核心”，是近 10 年来厦门大学社会工作专业本科人才培养实践探索形成的基本理念。“以实践为中心”，是指在实践中培养学生动手解决问题的能力，提高学生的社会工作专业服务水平和技能以及理论联系实际的能力，把实践作为整个社会工作本科人才建设培养模式改革的中心。“以专业化为标准”，是指根据国际社会工作专业化的要求规范社会工作专业实践活动的过程、方式以及课程的教学，优化社会工作实践教学和课程教学。“以本土化为核心”，是指在培养学生具备国际视野的同时，指导学生关注中国本土社会工作的实际社会处境和独特的文化内涵，帮助学生在具体的社会工作专业实践活动中发现和探索中国本土社会工作的策略、方法和技巧，并以此为基础提炼具有中国特色的社会工作理论和方法，丰富社会工作的实践教学和课程教学内容。经过这 10 年的探索实践，厦门大学社会工作本科专业已经形成了注重实践和专业实务能力培养的特色。

3.“社区概论”

授予部门:福建省社会学会

获奖等级:福建省社会学优秀教学成果奖二等奖

获奖时间:2019 年

课程负责人:陈福平

简介:“社区概论”是社会学专业的主干性必修课程,本课程教学与实践改革主要从课程教材及学习材料、课程内容编排和独特性、跨学科视野以及教学和研究实践等方面开展建设和创新,坚持以人为本的教学理念和措施,多方位地进行教学方法改革,不断提高教学质量。努力提高学生的学习兴趣,帮助学生深入理解该门课程和现实生活、未来工作的关系。

该课程的主要教学举措包括了以下方面:第一,课程教学资料的选用与更新。课程选用《现代社区概论》为主线教材,同时结合哈佛大学的城市邻里研究、多伦多大学的社群分析等课程推荐阅读材料以及教学组在城乡社区建设、社区营造和服务、社会政策和社区治理等领域发表的前沿领域论文,引导学生进行讨论和互动式教学,取得了很好的效果。第二,课程内容的组织特色。课程计划通过基础理论研读和学习、社区发展案例分析、社区情境模拟、城市社区实地观察、指导本科生开展社区类创新研究项目和互动讨论等方式,让学生熟悉社区研究领域的基础理论、实践现状和前沿问题,并掌握基本分析和实践方法,提高解决实际问题的能力和创新能力。第三,多学科知识的融合。“社区概论”不仅是社会学系学生的核心课程,也是社会工作、政治学、公共管理、城市规划、新闻传播学乃至公共卫生等面向社区开展研究和实践的平台。课程教学过程中广博地选取多学科以社区为研究对象的相关研究,邀请社会政策、社会工作、人口学、政治学和公共管理等领域教师参与教学指导,引导学生进行系统阅读、学习和讨论。第四,教学与实践的结合。课程利用与地方社区、社会服务机构合作建设社会调查和社会治理教学实践基地的机会,组织多种形式的实践活动,锻炼学生的实际动手操作能力;任课教师鼓励并带领学生组队参加各类面向社区的学术调研活动,完成多项国家级社会科学调查数据的收集工作,培养学生“学社区,知社区”

的专业情操。

4.“‘社会政策’思政课程建设”

授予部门:福建省社会学会

获奖等级:福建省社会学优秀教学成果奖二等奖

获奖时间:2019 年

课程负责人:徐延辉

简介:本课程秉持“立足专业知识、内化思政元素、依托实践教学”的课程建设理念。第一,以社会政策的基本内容为基础,结合国内外最新社会政策发展动态进行授课,提升社会政策课程教学的专业化水平;第二,注重专业化与本土化相结合,在建设中国特色社会主义事业的背景下,授课内容结合党和国家出台的各项具体方针政策进行基础知识的讲解,提炼中国本土的社会政策理论和方法,丰富社会政策课程的理论教学工作;第三,以现有的社会工作实践基地为平台开展实践教学,以提升专业实务能力为目标,促进社会工作人才培养与社会实践紧密结合。

通过本门课程的教学工作,使学生了解社会政策的主要概念、理论与流派,掌握社会政策研究的基本方法,熟悉社会保障政策、就业政策、住房政策、社会福利政策、反贫困社会政策等分支政策,为学生学习其他课程及毕业之后从事社会工作提供理论指导。同时通过本门课程让学生更好地了解党和国家出台的各项方针政策,科学认识我国的社会发展形势,正确理解党的基本路线、方针和政策,使学生将来更好地走向社会、服务社会,为建设有中国特色的社会主义事业贡献力量。最后依托丰富多样的社会工作专业实践平台开展实践教学,以此强化学生的基础理论知识和社会工作实务开展能力。

五、教学团队:福建省社会学专业导师团队建设

为稳步推进研究生导师队伍建设,根据《福建省教育厅关于开展 2018 年省级研究生导师团队建设的通知》(闽教高〔2018〕31 号)精神,厦门大学社会学专

业申报省级博士硕士研究生导师团队，并于 2018 年 12 月 26 日获福建省教育厅认定。博士硕士研究生导师团队带头人为胡荣、陈福平教授，团队成员有胡荣、易林、徐延辉、童敏、陈福平、周志家、刘子曦、阳妙艳、杨凌燕、卜玉梅。

在团队建设方面，完善导师组模式，实施“一带多”的建设路径：(1)发挥团队带头人的作用。团队带头人利用自己的学术威望，协调导师之间的人际关系、工作关系，充分调动每位导师的积极性，引导其积极参与研究生的指导工作，避免出现导师团队虚化和流于形式的情况。(2)争取增加专业团队教师岗位，重点引进海内外高层次中青年人才，进一步加强和巩固具有合理的年龄结构、知识结构及学历、学位结构的导师团队。(3)导师组定期开展研究生培养交流会，针对研究生培养过程中出现的重点、难点问题及研究生反馈的重要问题进行商讨，以及时解决问题、把握研究生的各项动态。(4)提升团队的整体学术能力。导师团队每年择期举行国家级和省部级项目申报经验座谈会，以提升团队项目申报的成功率；每学期定期举行论文写作和发表研讨会，以提升学术发表的质量和数量；鼓励教师利用学校的学术年假制度，轮流出国进行访学，进一步提升研究水平或开拓前沿研究领域。

在研究生培养方面，贯彻导师组模式，采用“多对一”的培养路径：(1)提升课程学习效果。改变填鸭式的导师单向灌输培养模式，带动课堂主动性学习。导师组与研究生每月进行课程学习等方面的面对面交流和互动。发挥年轻导师有激情活力、思维敏捷及中年导师思想成熟、基础扎实的优点，共同带动博士生进步。(2)进一步加强研究生的学术训练，提升发表水平。在已有 work-in-progress（WIP）seminars 的基础上，计划完善学生论文研讨课。在导师团队的带领下，在新学期初开展过去一个学期的总结、汇报和交流活动。(3)实行校内外科研实践一体化。继续鼓励学生通过社会实践、参加导师课题的方式，提升实践能力。(4)继续保持对研究生的学术交流的重视和支持。继续鼓励学生参加学术会议和各高校培训班或研讨班课程的学习。(5)定期与研究生交流就业问题，引导研究生做好职业生涯规划，关注研究生生活和身心健康，培养其良好的心理素质。

导师团队秉承先进教育理念，明确立德树人职责，重视学科前沿引领，创新人才培养模式，努力造就一支有理想信念、有道德情操、有扎实学识、有仁爱之心的研究生导师队伍，助力研究生成长成才。

第六部分
学术成就

一、论著情况

社会学、人类学与民族学、社会工作以及人口与生态研究所在论文和著作发表上成果颇丰，各学科教师公开发表论文700余篇、撰写或编写著作100余本，其中有500余篇论文收录至CSSCI或北大核心期刊，45篇发表于《人口研究》《社会学研究》《中国人口科学》等社会学顶级期刊，50余篇人类学与民族学领域的优质论文在《国外社会科学》《民族研究》《民族语文》等核心期刊上发表。

在厦门大学私立时期、抗战迁汀时期与复原厦门时期(1921—1949)，因年代久远，能检索到的各学科教师公开发表的论文共计87篇，其中主要由林惠祥、叶国庆、张镜予、郑德坤等多位学者在私立厦门大学时期发表。1937年厦门大学改国立后社会学系停办，1937—1949年期间论文多由在历史学系任教的叶国庆教授发表。在解放后的十七年和文革时期，社会学系仍处于停办状态，林惠祥教授在历史系任教和担任人类学博物馆馆长期间发表多篇论文。

1979年全国恢复社会学的教学与科研，1981年人口与生态研究所的前身人口研究室成立，1993年厦门大学在哲学系正式设立社会工作专业。20世纪80—90年代期间，各学科教师公开发表论文130余篇、撰写或编写著作30余本，其中20篇发表于《人口研究》《民族研究》《国外社会科学》等顶级期刊。

2000年3月，厦门大学在社会工作专业的基础上组建社会学系，自此之后社会学系恢复正常教学。随着师资队伍的扩充和人才引进政策的落实，各专业形成较为稳定的人才梯队。相较于1980—1990年代，2000年至今各学科学术成果显著增加，教师公开发表论文共计516篇。其中，截至2020年3月，教师在《社会学研究》发表29篇论文，在《社会》发表14篇论文，在《民族研究》发表9篇论文，在《国外社会科学》发表7篇论文，SSCI期刊论文20余篇。

表 10　社会与人类学院各时期教师发表论文、著作数(粗略计算)

年份	论文	论文共计	著作	著作共计
1921—1937	76	87	10	12
1938—1945	7		2	
1946—1949	4		0	
1950—1966	13	13	8	8
1967—1976	0		0	
1977—1987	25	655	3	81
1988—1999	114		28	
2000 至今	516		50	

表 11　1921—1960 年社会与人类学院教师发表的论文

论文名称	第一作者	发表刊物名称	刊物期别
菲律宾与亚洲商务	黄开宗	华侨商报	1921 年第 2 卷第 6 期
日本与菲律宾之关系	黄开宗	华侨商报	1921 年第 2 卷第 7 期
菲律宾铁路之现状	黄开宗	华侨商报	1921 年第 2 卷第 8 期
菲岛经济恐慌之原因	黄开宗	华侨商报	1921 年第 2 卷第 8 期
专论:为办儿童义务教育者进一解	张镜予	沪江大学月刊	1924 年第 13 卷第 8 期
中国教会大学的危机	张镜予	沪江大学月刊	1924 年第 13 卷第 10 期
中国教会大学的危机(未完)	张镜予	兴华	1924 年第 21 卷第 30 期

续表

论文名称	第一作者	发表刊物名称	刊物期别
现代婚姻哲学的派别与社会学家的主张	张镜予	社会学杂志	1924 年第 2 卷第 2/3 期
FACULTY：黄乃麟（广东人，社会科学士）：受过高等教育的基督徒……	张镜予	沪江年刊	1924 年第 9 卷
张陈两先生调查泉州古迹及关于中外交通史料之报告	张星烺	厦门大学周刊	1926 年第 165 期
由民族学社会学所见之文化之意义及其内容	林惠祥	归纳学报	1927 年第 1 卷第 1 期
生活革命	张镜予	现代评论	1927 年第 5 卷第 115 期
北京司法部犯罪统计的分析	张镜予	社会学界	1928 年第 2 期
金蚕鬼的传说：附表	叶国庆	民俗	1928 年第 13/14 期
关于啖槟榔风俗及罗隐故事	叶国庆	民俗	1928 年第 23/24 期
尔雅梁山产象考	叶国庆	国立第一中山大学语言历史学研究所周刊	1928 年第 2 卷第 14 期
苏洛华侨当仁学校特刊弁言	黄开宗	菲律宾苏洛华侨当仁学校刊	1928 年卷期不详
台湾生番标本目录（未完）	林惠祥	厦门大学周刊	1929 年第 213 期

续表

论文名称	第一作者	发表刊物名称	刊物期别
漳厦人对于物的崇拜	叶国庆	民俗	1929 年第 42/42 期
莆俗琐记:(一)清明节、(二)妇女妆饰、(三)穿红衣	叶国庆	民俗	1929 年第 71 期
莆俗琐记	叶国庆	民俗	1929 年第 78 期
莆俗琐记(续)	叶国庆	民俗	1929 年第 80 期
中国农民经济的困难和补救(附表)	张镜予	东方杂志	1929 年第 26 卷第 9 期
农村信用合作社的起源及其发展(附表)	张镜予	社会学界	1929 年第 3 期
外洋传入闽中的物产	叶国庆	国立中山大学语言历史学研究所周刊	1929 年第 6 卷第 66 期
闽南方音与十五音	叶国庆	国立中山大学语言历史学研究所周刊	1929 年第 8 卷第 85/86/87 期
附录:台湾生番种族概况	林惠祥	国立中山大学语言历史学研究所周刊	1929 年第 9 卷第 106 期
台湾番族之原始文化:番情概要(上篇)(附图表)	林惠祥	国立中央研究院社会科学研究所专刊	1930 年第 3 期
台湾番族之原始文化:标本图说(中篇)	林惠祥	国立中央研究院社会科学研究所专刊	1930 年第 3 期
台湾番族之原始文化:游踪纪要(下篇)	林惠祥	国立中央研究院社会科学研究所专刊	1930 年第 3 期

续表

论文名称	第一作者	发表刊物名称	刊物期别
台湾番族之原始文化：中国古书所载台湾及其番族之沿革略考	林惠祥	国立中央研究院社会科学研究所专刊	1930年第3期
台湾番族之原始文化：番族分布及游踪简图	林惠祥	国立中央研究院社会科学研究所专刊	1930年第3期
七.特载：（乙）台湾番族调查报告撮要附民族学的效用略说（在中央党部广播无线电台演讲）	林惠祥	国立中央研究院院务月报	1930年第1卷第11期
蛊与西南民族（附表）	叶国庆	厦门大学周刊	1930年第9卷第1期
滇黔粤的苗猺獞俗与闽俗之比较	叶国庆	厦门大学周刊	1930年第9卷第3期
挽联：同事叹分飞……	薛永黍	厦门大学周刊	1930年第9卷第9期
宗教之科学的研究	林惠祥	归纳学报	1931年第1卷第2期
民族精神与国难	林惠祥	厦门大学周刊	1932年第11卷第16期
史前人类及其文化	林惠祥	厦门大学周刊	1932年第12卷第13期
石器概说	林惠祥	厦门大学学报	1932年第1卷第2期
野蛮救国论（纪念周讲演稿）	林惠祥	厦门大学社会周刊	1933年创刊号
文化的发生（附图）	张镜予	厦门大学社会周刊	1933年创刊号
文化要素的研究	张镜予	厦门大学学报	1933年第2卷第1期

续表

论文名称	第一作者	发表刊物名称	刊物期别
民俗学研究导言	林惠祥	商务印书馆出版周刊	1934 年第 106 期
个人生活的仪式	林惠祥	商务印书馆出版周刊	1934 年第 106 期
古闽地考	叶国庆	燕京学报	1934 年第 15 期
水经注板本考	郑德坤	燕京学报	1934 年第 15 期
学术通讯:(一)关于中华民族来源问题	郑德坤	嘘风	1934 年第 3/4 期
学术通讯:怡民——郑德坤:德坤兄:荔枝记真本是泉州出版的……	郑德坤	嘘风	1934 年第 5/6 期
学术通讯:郑德坤——薛澄清:澄清学兄:前书匆匆作覆,竟以公开刊诸嘘风……	郑德坤	嘘风	1934 年第 5/6 期
三国时山越分布之区域	叶国庆	禹贡	1934 年第 2 卷第 8 期
农村问题的新认识	张镜予	年华	1934 年第 3 卷第 39 期
合作运动与农村救济	张镜予	年华	1934 年第 3 卷第 50 期
怎样研究农村合作(上)	张镜予	商务印书馆出版周刊	1934 年第 108 期
怎样研究农村合作(下)农村合作研究法	张镜予	商务印书馆出版周刊	1934 年第 109 期

续表

论文名称	第一作者	发表刊物名称	刊物期别
研究：水经注引书类目（未完）	郑德坤	厦门大学图书馆报	1935 年第 1 卷第 2 期
文化的传播	张镜予	社会月刊	1935 年第 1 卷第 3 期
研究：水经注引书类目（续）	郑德坤	厦门大学图书馆报	1935 年第 1 卷第 3 期
生活之一页：进大学的经过	张镜予	东方杂志	1935 年第 32 卷第 1 期
墨子的社会思想	林惠祥	厦门大学学报	1935 年第 3 卷第 1 期
平闽十八洞研究（附图表）	叶国庆	厦门大学学报	1935 年第 3 卷第 1 期
近世社会科学的成立及其趋势	张镜予	社会学刊	1935 年第 4 卷第 4 期
书报介绍：人口问题：陈达著	张镜予	年华	1935 年第 4 卷第 8 期
账灾问题	张镜予	年华	1935 年第 4 卷第 38 期
郑成功略传	薛永黍	厦门大学历史社会学会会刊	1935 年 6 月
水经注书目录	郑德坤	图书馆学季刊	1935 年第 9 卷第 2 期
民族学学说的新综合：新进化论	林惠祥	民族学研究集刊	1936 年第 1 期
八卦所含之数字性	叶国庆	厦门大学学报	1936 年第 6 期
水经注赵戴公案之判决	郑德坤	燕京学报	1936 年第 19 期

续表

论文名称	第一作者	发表刊物名称	刊物期别
厦门大学校址考：厦门大学文学院廿四年十二月十九日学术演讲	郑德坤	厦门大学周刊	1936 年第 15 卷第 22 期
研究：北京猿人之发现：中国上古史新史料目录学第一章	郑德坤	厦门大学图书馆报	1936 年第 1 卷第 5 期
研究：中国旧石器时代遗迹之发现：中国上古史新史料目录学第二章	郑德坤	厦门大学图书馆报	1936 年第 1 卷第 7 期
谚语结论	林惠祥	福建文化	1936 年第 3 卷第 23 期
治不在今福州市辨	叶国庆	禹贡	1936 年第 6 卷第 2 期
读书指导：怎样研究人类学？（上）	林惠祥	商务印书馆出版周刊	1937 年第 231 期
中国文化之起源及发达	林惠祥	东方杂志	1937 年第 34 卷第 7 期
服务经验特辑：从服务经验来谈谈中国工商统计的行政及其工作	张镜予	服务（重庆）	1939 年第 2 卷第 3/4 期
十才女传与徐震	叶国庆	厦门大学学报	1943 年第 2 期
汉初齐鲁之儒学	叶国庆	现代青年（福州）	1943 年第 1 卷第 3 期
朱子论学大意	叶国庆	福建训练月刊	1944 年第 3 卷第 1 期
平闽十八洞研究	叶国庆	说文月刊	1944 年第 4 卷
南明历史与福建文献	叶国庆	教育与文化（福州）	1945 年创刊号
再论杨文广平闽	叶国庆	福建文化	1945 年第 2 卷第 3 期

续表

论文名称	第一作者	发表刊物名称	刊物期别
汉儒的风度	叶国庆	教育与文化(福州)	1946 年第 1 卷第 3 期
发刊词:星华教师公会的同道们时常谈论到……	薛永黍	新教育(新加坡)	1947 年创刊号
“印度尼西亚”名称考	林惠祥	南洋学报(新加坡)	1947 年第 4 卷第 1 辑
师道立则善人多:[题词]	薛永黍	万世师表公演特刊	1947 年 6 月
台湾石器时代遗物的研究(人类博物馆 1955 年研究报告之一)	林惠祥	厦门大学学报(社会科学版)	1955 年第 4 期
一九五六年厦门大学考古实习队报告	林惠祥	厦门大学学报(社会科学版)	1956 年第 6 期
福建武平县新石器时代遗址	林惠祥	厦门大学学报(社会科学版)	1956 年第 4 期
雷公石考——厦门大学人类博物馆研究报告之一	林惠祥	厦门大学学报(社会科学版)	1956 年第 1 期
福建长汀河田新石器时代遗址的调查	林惠祥	考古学报	1957 年第 1 期
福建长汀县河田区新石器时代遗址	林惠祥	厦门大学学报(社会科学版)	1957 年第 1 期
中国东南区新石器文化特征之一:有段石锛	林惠祥	考古学报	1958 年第 3 期
南洋民族与华南古民族的关系	林惠祥	厦门大学学报(社会科学版)	1958 年第 1 期

续表

论文名称	第一作者	发表刊物名称	刊物期别
香港新石器时代遗物发现追记	林惠祥	厦门大学学报(社会科学版)	1959年第2期
马来亚吉打州石器时代考古追记	林惠祥	厦门大学学报(社会科学版)	1959年第2期
福建龙岩石器时代遗址的发现	林惠祥	厦门大学学报(社会科学版)	1960年第2期
译者序	林惠祥	南洋问题资料译丛	1960年
论长住娘家风俗的起源及母系制到父系制的过渡	林惠祥	厦门大学学报(社会科学版)	1962年第4期

表12　社会与人类学院教师出版的专著列表

著作名称	作者	出版社	出版年份	类型（编著、专著、译著、教材）
社会调查:沈家行实况	张镜予	商务印书馆	1924	专著
中国农村信用合作运动	张镜予	商务印书馆	1930	专著
民俗学	林惠祥	商务印书馆	1931	专著
世界人种志	林惠祥	商务印书馆	1932	专著
神话论	林惠祥	商务印书馆	1933	专著
文化人类学	林惠祥	商务印书馆	1934	专著
古闽地考	叶国庆	燕京大学燕京学报社	1934	专著
中国民族史	林惠祥	商务印书馆	1936	专著

续表

著作名称	作者	出版社	出版年份	类型（编著、专著、译著、教材）
庄子研究	叶国庆	商务印书馆	1936	专著
世界失业问题	张镜予	商务印书馆	1937	专著
先秦小说选初稿	叶国庆	不详	1939	编著
支那民族史	林惠祥	生活社	1939	专著
台湾石器时代遗物的研究	林惠祥	厦门大学人类博物馆	1955	专著
福建武平县新石器时代遗址	林惠祥	厦门大学人类博物馆	1956	专著
福建长汀县河田区新石器时代遗址	林惠祥	厦门大学人类博物馆	1957	专著
史前马来亚	[英]M.W.F.特威迪	唐纳德·穆尔公司	1957	译著
南洋马来族与华南古民族的关系	林惠祥	厦门大学人类博物馆	1958	专著
香港新石器时代遗物发现追记	林惠祥	厦门大学人类博物馆	1959	专著
马来亚吉打州石器时代考古追记	林惠祥	厦门大学人类博物馆	1959	专著
苏门答腊民族志	林惠祥	厦门大学人类博物馆	1960	译著
考古学通论讲义	叶文程	不详	1961	专著
为什么要保存古物	林惠祥	厦门大学人类博物馆	1963	专著

续表

著作名称	作者	出版社	出版年份	类型（编著、专著、译著、教材）
晋江新志	庄为玑	泉州市泉州历史研究会	1979	编著
德化瓷器史料汇编	叶文程	出版者不详	1980	编著
人类学论著	林惠祥	福建人民出版社	1981	专著
泉州地方志论集	庄为玑	泉州市泉州历史研究会	1982	专著
唇枪舌剑，国际投资五大著名案例分析	李明欢	鹭江出版社	1986	编著
台湾中学生作文选：初中版	郑启五	江西教育出版社	1987	编评
台湾大学生小说选	郑启五	湖南教育出版社	1988	编著
百越民族史	陈国强、蒋炳钊、吴绵吉、辛土成	中国社会科学出版社	1988	编著
百越民族文化	蒋炳钊、吴绵吉	学林出版社	1988	编著
百越民族资料选编	蒋炳钊	广西人民出版社	1988	编著
中国古外销瓷研究论文集	叶文程	紫禁城出版社	1988	专著
海峡两岸用语差异	郑启五	福建人民出版社	1989	编著
海上丝绸之路的著名港口——泉州	庄为玑	海洋出版社	1989	专著

续表

著作名称	作者	出版社	出版年份	类型（编著、专著、译著、教材）
宗教社会学	[美]托马斯·奥戴	宁夏人民出版社	1989	译著
古刺桐港	庄为玑	厦门大学出版社	1989	专著
当代西方经济学概论	黄志贤	厦门大学出版社	1990	编著
中国人口丛书·台湾卷	郑启五	中国财经出版社	1990	专著
台湾番族之原始文化	林惠祥	上海文艺出版社	1991	专著
宫廷内幕	罗慕洛	厦门大学出版社	1991	译著
福建青花瓷器的初步研究	罗立华	厦门大学出版社	1991	专著
台胞探亲旅游用语手册	郑启五	四川辞书出版社	1992	编著
契约华工与种植园制	李明欢	鹭江出版社	1992	译著
东方的青花瓷器	[英]加纳(Garner，Harry)	上海人民出版社	1992	译著
德化瓷史与德化窑	徐本章、叶文程	华星出版社	1993	编著
中国民族史(上册)	林惠祥	商务印书馆	1993	专著
中国民族史(下册)	林惠祥	商务印书馆	1993	专著
孙子兵法与市场竞争	黄志贤	解放军出版社	1993	专著
社会学导论：社会单位分析	胡荣	厦门大学出版社	1993	专著
福建陶瓷	叶文程、林忠干	福建人民出版社	1993	编著

续表

著作名称	作者	出版社	出版年份	类型（编著、专著、译著、教材）
闽台考古	陈国强、叶文程、吴绵吉	厦门大学出版社	1993	编著
人类文化语言学	邓晓华	厦门大学出版社	1993	专著
市场竞争纵横	黄志贤	中国国际广播出版社	1994	编著
闽台惠东人	陈国强、叶文程、汪峰	厦门大学出版社	1994	编著
当代海外华人社团研究	李明欢	厦门大学出版社	1995	专著
亚洲“四小”汇率制度与外贸发展	陈永山	厦门大学出版社	1995	专著
客家方言	邓晓华、罗美珍	福建教育出版社	1995	编著
心灵、自我与社会	［英］乔治·米德	台湾桂冠图书公司	1995	译著
社会保险和社会福利	张友琴	厦门大学出版社	1995	专著
社会调查研究的理论与方法	张友琴	厦门大学出版社	1995	编著
西南舅权论	彭兆荣	广西人民出版社	1995	专著
中国人类学	陈国强	上海三联书店	1996	专著
应用人类学	石奕龙	厦门大学出版社	1996	专著
笔耕集	叶国庆	厦门大学出版社	1997	专著

续表

著作名称	作者	出版社	出版年份	类型（编著、专著、译著、教材）
海外交通史迹研究	庄景辉	厦门大学出版社	1997	专著
生存于漂泊之中	彭兆荣	上海文艺出版社	1997	专著
从苦力到巨子	彭兆荣	中央编译出版社	1997	专著
心理学导论	戴小力	厦门大学出版社	1997	专著
孩子需求论：中国孩子的成本与效用	叶文振	复旦大学出版社	1998	专著
边际经济学派主要思想述评	黄志贤	辽宁出版社	1999	编著
国际租赁学	叶文振	山西经济出版社	1999	编著
泥土板筑的城堡——土围楼	石奕龙	山东教育出版社	1999	专著
中国婚姻质量研究	叶文振	中国社会科学出版社	1999	专著
闽北跨世纪经济社会发展战略研究报告	叶文振	厦门大学出版社	1999	专著
政治人类学	董建辉	厦门大学出版社	1999	专著
高山族史研究	陈国强	中国人类学学会	1999	专著
出自积淤的水中	朱家骏	中国社会科学出版社	1999	译著
We Need Two Worlds: Chinese Immigrant Associations in a Western Society	Li Minghuan	Amsterdam University Press	1999	专著

续表

著作名称	作者	出版社	出版年份	类型（编著、专著、译著、教材）
The Chinese Community in Europe, Under Supervision and Responsibility of the European Federation of Chinese Organizations	Li Minghuan	Dutch Ministry of Public Health, Wellbeing and Sports	1999	专著
喧闹的海市	蓝达居	江西高校出版社	1999	专著
爱译随笔	郑启五	中国文联出版公司	2000	专著
集邮情感	郑启五	海风出版社	2000	专著
情结武平	郑启五	当代中国出版社	2000	专著
The Changing Population of China	叶文振	Blackwell Publishers Ltd	2000	合著
理性选择与制度实施：中国农村村民委员会选举的个案研究	胡荣	上海远东出版社	2001	专著
神灵的音讯——鼓与钲的祭祀仪礼音乐论	朱家骏	思文阁出版	2001	专著
集邮随想	郑启五	中国文联出版社	2001	专著
喝茶	郑启五	国际文化出版公司	2001	专著
天风海涛室遗稿	林惠祥	鹭江出版社	2001	专著
纪念林惠祥文集	郭志超	厦门大学出版社	2001	专著
畲族研究丛书	郭志超	民族出版社	2002	专著

续表

著作名称	作者	出版社	出版年份	类型（编著、专著、译著、教材）
Risikomanagement durch Systemverzahnung：Umweltqualitätsnormung zwischen Wissenschaft und Recht	周志家	Deutscher Universitäts Verlag	2002	专著
欧洲华侨华人史	李明欢	中国华侨出版社	2002	专著
中国婚姻研究报告	徐安琪、叶文振	中国社会科学出版社	2002	专著
社会变迁中的村级土地制度：闽西北将乐县安仁乡个案研究	朱冬亮	厦门大学出版社	2003	专著
中国北方农村的口传文化——说唱的书、文本、表演	朱家骏	厦门大学出版社	2003	译著
被扭曲被书写的妇女形象——明代节妇烈女现象透析	林红	日本名家社	2003	专著
郑启五集邮日记	郑启五	中国文联出版公司	2003	专著
历史之岛	黄向春	上海人民出版社	2003	合译
中国北方农村的口传文化——说唱的书、文本、表演	林琦	厦门大学出版社	2003	译著

续表

著作名称	作者	出版社	出版年份	类型（编著、专著、译著、教材）
中国大陆村委会选举的制度实施：福建的案例研究	胡荣	台湾洪叶文化有限公司	2004	专著、研究生课程教材
感悟双十	郑启五	厦门大学出版社	2004	编著
文化理论与族群研究	郭志超	黄山书社	2004	专著
摆贝：一个西南边地的苗族村寨	彭兆荣	三联书店	2004	专著
文学与仪式	彭兆荣	北京大学出版社	2004	专著
旅游人类学	彭兆荣	民族出版社	2004	专著
福建侨乡调查：侨乡认同、侨乡网络与侨乡文化	李明欢	厦门大学出版社	2005	编著
福建土围楼	石奕龙	中国旅游出版社	2005	专著
家庭社会工作	张文霞、朱冬亮	社会科学文献出版社	2005	专著
汉语方言研究与语言演变理论的建构	邓晓华	香港霭明出版社	2005	专著
汉字	林琦	厦门大学出版社	2005	译著
当代西方经济学流派的演化	黄志贤	厦门大学出版社	2006	专著
热血与坚忍：郑道传纪念文集	郑启五	当代中国出版社	2006	编著
边际族群：远离帝国庇佑的客人	彭兆荣	黄山书社	2006	专著

续表

著作名称	作者	出版社	出版年份	类型（编著、专著、译著、教材）
到闽南喝工夫茶	郑启五	海风出版社	2006	专著
女性学导论	叶文振	厦门大学出版社	2006	专著
个案辅导：传统辅导模式和后现代主义取向辅导模式的超越与融合	童敏	社会科学文献出版社	2007	专著
中国における買売春根絶政策—1950年代の福州市の実施過程を中心に—	林红	明石书店	2007	专著
人类学仪式的理论与实践	彭兆荣	民族出版社	2007	专著
芙蓉湖随笔	郑启五	厦门大学出版社	2008	专著
和谐社会理论与厦门实践	朱冬亮	厦门大学出版社	2008	专著
社会工作实习指南	童敏	高等教育出版社	2008	专著
明清乡约：理论演进与实践发展	董建辉	厦门大学出版社	2008	专著
遗产：反思与阐释	彭兆荣	云南教育出版社	2008	专著
社会工作实务基础：专业服务技巧的综合与运用	童敏	社会科学文献出版社	2008	专著
Cultural Exclusion in China：State Education，Social Mobility and Cultural Difference	Lin Yi	Routledge	2008	专著

续表

著作名称	作者	出版社	出版年份	类型（编著、专著、译著、教材）
畲族简史	蒋炳钊	民族出版社	2008	编著
闽文化与武夷山	刘家军	厦门大学出版社	2008	专著
海峡西岸金融创新与发展研究	叶文振	福建人民出版社	2008	编著
水德配天：一个晋中水利社会的历史与道德	张亚辉	民族出版社	2008	专著
社会学概论	张友琴、童敏、欧阳马田	科学出版社	2000	编著
社会学概论	胡荣等	高等教育出版社	2009	教材
社会资本与地方治理	胡荣	高等教育出版社	2009	专著
官府、宗族与天主教：17—19世纪福安乡村教会的历史叙事	张先清	中华书局	2009	专著
中国的语言及方言的分类	邓晓华、王士元	中华书局	2009	专著
流动中的爱恋与婚育——来自对流动妇女问卷调查的报告	叶文振、王玲杰、孙琼如	厦门大学出版社	2009	专著
信徒与公民：泰国曲乡的政治民族志	龚浩群	北京大学出版社	2009	专著
国际视野下的性别失衡与治理	李树茁、韦艳、任锋	社会科学文献出版社	2010	专著

续表

著作名称	作者	出版社	出版年份	类型（编著、专著、译著、教材）
社会工作专业实习：常见疑难问题及其处理	童敏	社会科学文献出版社	2010	专著
海西建设与两岸和谐互动研究	叶文振	厦门大学出版社	2010	编著
历史与神圣性	张亚辉	世界图书出版公司	2010	专著
快速城市化与环境社会学研究新议题	洪大用、龚文娟	社会科学文献出版社	2011	编著
旅游人类学教程	葛荣玲	旅游教育出版社	2011	编著
社会工作专业服务的规划与设计	童敏	社会科学文献出版社	2011	专著
青年白领女性的工作家庭冲突研究	唐美玲	厦门大学出版社	2011	专著
社区的转型与重构——中国城市基层社会的再整合	黎熙元、陈福平、童晓频	商务印书馆	2011	专著
帝国潜流：清前期天主教在华的本土化	张先清	社会科学文献出版社	2011	专著
福建节庆习俗	刘家军	海峡文艺出版社	2011	专著
风险决策与风险管理：基于系统理论的研究	周志家	社会科学文献出版社	2012	专著
教育救助与社会流动	徐延辉	厦门大学出版社	2012	专著
大学生创业导论	叶文振	厦门大学出版社	2012	编著

续表

著作名称	作者	出版社	出版年份	类型（编著、专著、译著、教材）
出生人口性别比：性别平等与人口安全	叶文振	厦门大学出版社	2012	编著
海西建设与社会管理创新研究	叶文振	厦门大学出版社	2012	编著
和谐社会论	叶文振	厦门大学出版社	2012	编著
高等职业教育质量研究	叶文振	厦门大学出版社	2012	专著
历史、神话与民族志	张亚辉	民族出版社	2012	专著
社区老年人口养老照护现状与发展对策	王德文、谢良地	厦门大学出版社	2013	专著
城隍信仰研究	刘家军	中国社会科学出版社	2013	专著
武夷山民俗文化	刘家军	厦门大学出版社	2013	专著
把盏话茶	郑启五	清华大学出版社	2013	专著
清水祖师文化研究	刘家军	厦门大学出版社	2013	专著
红月亮：一个孔子学院院长的汉教传奇	郑启五	武汉大学出版社	2013	专著
茶言茶语	郑启五	清华大学出版社	2013	专著
Transnational Lives in China：Expatriates in a Globalizing City	Angela Lehmann	Palgrave MacMillan	2014	专著
Interrupting Anonymity：The Researcher in an Expatriate Community	Angela Lehmann	Ashgate	2014	专著

续表

著作名称	作者	出版社	出版年份	类型（编著、专著、译著、教材）
景观的生产——一个西南屯堡村落旅游开发的十年	葛荣玲	北京大学出版社	2014	专著
永远的厦大孩子	郑启五	厦门大学出版社	2015	编著
牙齿生长发育研究在古人类学中的应用	胡荣	知识产权出版社	2015	编著
威略将军吴英文化研究	刘家军	厦门大学出版社	2015	专著
由人到神：闽南神明文化探究	刘家军	台湾唐山出版社	2015	专著
加礼的记忆：泉州提线木偶戏的遗产认同研究	魏爱棠	北京大学出版社	2015	专著
男女平等、和谐发展——福建的研究与实践	叶文振	厦门大学出版社	2015	编著
威略将军吴英文化研究	吴国荣、刘家军	厦门大学出版社	2015	编著
大学生创业导论	叶文振	厦门大学出版社	2015	编著
迈向小康社会的中国人口(台湾卷)	叶文振	中国统计出版社	2015	专著
中国环境社会学(第三辑)	周志家、龚文娟	中国社会科学出版社	2016	编著
宫廷与寺院：六世班禅朝觐事件的历史人类学研究	张亚辉	中国藏学出版社	2016	专著

续表

著作名称	作者	出版社	出版年份	类型（编著、专著、译著、教材）
东南地区的村寨景观：历史、想象与实践	葛荣玲	厦门大学出版社	2016	专著
清水润生	刘家军	厦门大学出版社	2016	专著
混合方法研究的设计与实施(第2版)	游宇、陈福平	重庆大学出版社	2017	译著
Learning to be Tibetan: The Construction of Ethnic Identity at Minzu University of China	Miaoyan Yang	Lexington Books	2017	专著
东南民族的艺术实践：审美感知与文化情境	冯莎	厦门大学出版社	2017	编著
艺术在别处：对中国当代旅法艺术家的人类学研究	冯莎	商务印书馆	2018	专著
社会质量、社会建设与幸福感	徐延辉	厦门大学出版社	2018	专著
红面观音文化研究	刘家军	中国社会科学出版社	2018	专著
转型期中国的公众参与和社会资本建构	陈福平	中国社会科学出版社	2018	专著
闽台老年健康促进兼性别协同发展研究	王德文	厦门大学出版社	2018	专著
社会工作理论：历史环境下社会服务实践者的声音和智慧	童敏	社会科学文献出版社	2019	专著

续表

著作名称	作者	出版社	出版年份	类型（编著、专著、译著、教材）
语言、族群与演化——语言人类学的传统与超越	邓晓华	商务印书馆	2019	专著
棠棣——一项基于汉人村庄的兄弟关系研究	宋雷鸣	商务印书馆	2019	专著
喧闹的海市	蓝达居	江西高校出版社	2019	专著

二、获奖著作与论文

社会与人类学院以多学科融合与跨学科发展为导向，在学术上不断探索，成绩斐然。自 1994 年至 2019 年，社会学、人类学与民族学、社会工作与人口与生态研究所各学科教师分别荣获教育部、福建省、其他省部级以及厦门市学术成果奖共计 146 次，包含教育部优秀成果奖 7 次、福建省奖项 65 次、其他省部级奖项 21 次、厦门市优秀成果奖 53 次。

其中，胡荣教授凭借专著《中国大陆村委会选举的制度实施》、《社会资本与地方治理》以及论文《农民上访与政治信任的流失》分别获得第四届、第五届、第六届教育部社会科学优秀成果奖。陈国强等撰写的《百越民族史》获教育部第一届社会科学优秀成果奖。彭兆荣撰写的《民族志视野中的"真实性"的多种样态》获教育部第五届社会科学优秀成果奖。邓晓华的《壮侗语族语言的数理分类及时间深度》获教育部第五届社会科学优秀成果奖。郭志超撰写的《畲族文化述论》获教育部第六届社会科学优秀成果奖。

表 13 社会与人类学院教师获奖学术成果列表(省部级)

奖励类别	获奖等级	获奖项目名称	获奖人	获奖年度
教育部社会科学优秀成果奖				
教育部第一届社会科学优秀成果奖	二等	百越民族史	陈国强 蒋炳钊 吴绵吉 辛土成	1995
教育部第四届社会科学优秀成果奖	三等	中国大陆村委会选举的制度实施	胡荣	2006
教育部第五届社会科学优秀成果奖	三等	农民上访与政治信任的流失	胡荣	2009
教育部第五届社会科学优秀成果奖	三等	民族志视野中的"真实性"的多种样态	彭兆荣	2009
教育部第五届社会科学优秀成果奖	三等	壮侗语族语言的数理分类及时间深度	邓晓华	2009
教育部第六届社会科学优秀成果奖	三等	社会资本与地方治理	胡荣	2013
教育部第六届社会科学优秀成果奖	三等	畲族文化述论	郭志超	2013
福建省社会科学优秀成果奖				
福建省第一届社会科学优秀成果奖	二等	高山族简史	陈国强	1988
福建省第二届社会科学优秀成果奖	二等	会按地区长住娘家婚俗的历史考察	蒋炳钊	1994
福建省第二届社会科学优秀成果奖	三等	建设中国人类学	陈国强	1994

续表

奖励类别	获奖等级	获奖项目名称	获奖人	获奖年度
福建省社会科学优秀成果奖				
福建省第三届社会科学优秀成果奖	三等	台湾少数民族	陈国强 田珏	1998
福建省第三届社会科学优秀成果奖	三等	高山族民俗	田富达 陈国强	1998
福建省第三届社会科学优秀成果奖	三等	闽粤赣交界地区原住民族的再研究	郭志超	1998
福建省第三届社会科学优秀成果奖	三等	人类文化语言学	邓晓华	1998
福建省第三届社会科学优秀成果奖	三等	福建几何印纹陶遗存与闽越族	吴绵吉	1998
福建省第三届社会科学优秀成果奖	三等	结构·解构·重构:中国传统音乐现代化的必然选择	彭兆荣	1998
福建省第四届社会科学优秀成果奖	三等	闽北跨世纪经济社会发展战略研究报告	叶文振	2000
福建省第四届社会科学优秀成果奖	三等	“相对失落”与连锁效应——关于温州地区出国移民潮的分析与思考	李明欢	2000
福建省第四届社会科学优秀成果奖	三等	政治人类学	董建辉	2000
福建省第五届社会科学优秀成果奖	二等	生育文化与家庭制度关系	叶文振	2003

续表

奖励类别	获奖等级	获奖项目名称	获奖人	获奖年度
福建省社会科学优秀成果奖				
福建省第五届社会科学优秀成果奖	二等	欧洲华侨华人史	李明欢	2003
福建省第五届社会科学优秀成果奖	三等	理性选择与制度实施：中国农村村民委员会选举的个案研究	胡荣	2003
福建省第五届社会科学优秀成果奖	三等	台湾原住民“南来论”辨析	郭志超	2003
福建省第六届社会科学优秀成果奖	二等	苗瑶语族语言亲缘关系的计量研究——词源统计分析方法	邓晓华 王士元	2005
福建省第六届社会科学优秀成果奖	二等	男女平等：一个多维的理论建构	叶文振	2005
福建省第六届社会科学优秀成果奖	二等	论民族作为历史性的表述单位	彭兆荣	2005
福建省第六届社会科学优秀成果奖	三等	福利国家的风险及其产生的根源	徐延辉	2005
福建省第六届社会科学优秀成果奖	三等	藏缅语族语言的数理分类及其分析	邓晓华 王士元	2005
福建省第六届社会科学优秀成果奖	三等	高速公路时代的三明发展战略研究	叶文振	2005
福建省第六届社会科学优秀成果奖	三等	农民收入提高的主要障碍与对策	叶文振	2005

续表

奖励类别	获奖等级	获奖项目名称	获奖人	获奖年度
福建省社会科学优秀成果奖				
福建省第六届社会科学优秀成果奖	三等	文学与仪式：文学人类学的一个文化视野——酒神及其祭祀仪式的发生学原理	彭兆荣	2005
福建省第六届社会科学优秀成果奖	三等	社会经济地位与网络资源	胡荣	2005
福建省第七届社会科学优秀成果奖	一等	民族志视野中“真实性”的多种样态	彭兆荣	2007
福建省第七届社会科学优秀成果奖	一等	女性学导论	叶文振	2007
福建省第七届社会科学优秀成果奖	二等	社会资本与中国农村居民的地域性自主参与——影响村民在村级选举中参与的各因素分析	胡荣	2007
福建省第七届社会科学优秀成果奖	三等	福建侨乡调查：侨乡认同、侨乡网络与侨乡文化	李明欢	2007
福建省第七届社会科学优秀成果奖	三等	中国社会学和人类学的百年发展与互动	朱冬亮	2007
福建省第八届社会科学优秀成果奖	二等	壮侗语族语言的数理分类及其时间深度	邓晓华 王士元	2009
福建省第八届社会科学优秀成果奖	二等	农民上访与政治信任的流失	胡荣	2009
福建省第八届社会科学优秀成果奖	三等	环境意识研究：现状、困境与出路	周志家	2009

续表

奖励类别	获奖等级	获奖项目名称	获奖人	获奖年度
福建省社会科学优秀成果奖				
福建省第八届社会科学优秀成果奖	三等	社会资本与城市居民的政治参与	胡荣	2009
福建省第八届社会科学优秀成果奖	三等	集体林权制度改革中的社会排斥机制分析	朱冬亮	2009
福建省第八届社会科学优秀成果奖	三等	论中国婚姻的不平等交换关系	叶文振	2009
福建省第八届社会科学优秀成果奖	三等	论性别和谐	叶文振	2009
福建省第八届社会科学优秀成果奖	三等	人类学仪式的理论与实践	彭兆荣	2009
福建省第八届社会科学优秀成果奖	三等	明清乡约:理论演进与实践发展	董建辉	2009
福建省第八届社会科学优秀成果奖	三等	遗产学与遗产运动:表述与制造	彭兆荣	2009
福建省第九届社会科学优秀成果奖	二等	畲族文化述论	郭志超	2011
福建省第九届社会科学优秀成果奖	三等	社会学概论	胡荣	2011
福建省第九届社会科学优秀成果奖	三等	中国人口学科的发展与挑战	叶文振	2011
福建省第九届社会科学优秀成果奖	三等	中国的语言及方言的分类	邓晓华 王士元	2011

续表

奖励类别	获奖等级	获奖项目名称	获奖人	获奖年度
福建省社会科学优秀成果奖				
福建省第十届社会科学优秀成果奖	二等	社会资本、政府绩效与城市居民对政府的信任	胡荣、胡康、温莹莹	2013
福建省第十届社会科学优秀成果奖	二等	国际移民政策研究	李明欢	2013
福建省第十届社会科学优秀成果奖	三等	环境保护、群体压力还是利益波及？厦门居民 PX 环境运动参与行为的动机分析	周志家	2013
福建省第十届社会科学优秀成果奖	二等	中国人口科学的国际化水平及其影响因素	叶文振	2013
福建省第十一届社会科学优秀成果奖	一等	Seeing Transnationally: How Chinese Migrants Make Their Dreams Come True	李明欢	2016
福建省第十一届社会科学优秀成果奖	二等	约制与建构：环境议题的呈现机制——基于 A 市市民反建 L 垃圾焚烧厂的省思	龚文娟	2016
福建省第十一届社会科学优秀成果奖	三等	社区能力、社区效能感与城市居民的幸福感——社区社会工作介入的可能路径研究	徐延辉、兰林火	2016
福建省第十一届社会科学优秀成果奖	三等	中国农村居民的红白喜事网及其影响因素研究	胡荣	2016

续表

奖励类别	获奖等级	获奖项目名称	获奖人	获奖年度
福建省社会科学优秀成果奖				
福建省第十一届社会科学优秀成果奖	青年佳作奖	山民与国家之间——詹姆斯·斯科特的佐米亚研究及其批评	杜树海	2016
福建省第十二届社会科学优秀成果奖	三等	中国人的政治效能感、政治参与和警察信任	胡荣	2018
福建省第十二届社会科学优秀成果奖	三等	加礼的记忆：泉州提线木偶戏的遗产认同研究	魏爱棠	2018
福建省第十二届社会科学优秀成果奖	青年佳作奖	环境风险沟通中的公众参与和系统信任	龚文娟	2018
福建省第十三届社会科学优秀成果奖	二等	社会质量、社会建设与幸福感	徐延辉	2019
福建省第十三届社会科学优秀成果奖	三等	故事与讲故事：叙事社会学何以可能——兼谈如何讲述中国故事	刘子曦	2019
福建省第十三届社会科学优秀成果奖	三等	从在线到离线：基于互联网的集体行动的形成及其影响因素	卜玉梅	2019
福建省第十三届社会科学优秀成果奖	三等	媒介使用对中国城乡居民政府信任的影响因素	胡荣	2019
福建省第十三届社会科学优秀成果奖	青年佳作奖	转型期中国的公众参与和社会资本建构	陈福平	2019

三、科研项目

(一)社会学与社会工作科研项目情况

自2000年建系以来,社会学与社会工作在科研项目上收获颇丰。2001年至2010年,社会学与社会工作取得国家社科基金和国家自然科学基金项目共7项,教育部人文社科基金项目1项,教育部其他类别项目2项。其中,2009年以胡荣教授为首席专家的"农村社会全面进步中的社区建设研究"被列为国家社科基金重大项目。2010年以后,申报的各级各类科研项目数量逐渐增多,共获得国家社科基金项目13项,教育部人文社科基金3项,民政部委托招标课题1项。其中,2011年以徐延辉教授为首席专家的"社会质量视角下的社会建设研究"被列为国家社科基金重点项目。胡荣教授于2013年获得国家重大专项项目,课题为"城乡居民的警察信任研究",次年,即2014年又以"城乡居民健康不平等的社会学研究"课题获得国家社科基金重点项目。2015年,获得各类科研项目数量激增,共获得国家社科基金项目2项,教育部人文社科基金9项,总项目经费近123万元。2016年至2020年,社会学与社会工作系获得国家社科基金和国家自然学科基金项目共11项,教育部人文社科基金项目1项。其中,2017年以胡荣教授为首席专家的"警察信任与和谐警民关系的建构"被列为国家社科基金重点项目,项目资助经费为35万元。2019年以徐延辉教授为首席专家的"新中国70年社会发展与社会变迁研究"项目被列入国家社科基金重大项目,项目资助经费为80万元;2020年胡荣教授的"健全我国乡村基层治理体系研究"项目被列为国家社科基金重大项目,项目资助经费为80万元。

(二)人类学与民族学科研项目情况

早在20世纪90年代,邓晓华、彭兆荣、石奕龙分别获得国家社科基金一般项目立项。2005年至2010年,人类学与民族学取得国家社科基金2项,其中2005年以邓晓华教授为首席专家的"中华南方民族的起源及形成"被列为国家社科基金重大项目。2010 年以后，人类学与民族学在科研项目上收获颇多，取得国家社科基金 5 项，其中 2011 年以彭兆荣教授为首席专家的“中国非物质文化遗产体系探索研究”被列为国家社科重大项目；2013 年以张先清教授为首席专家的“闽台海洋民俗文化遗产资源调查与研究”被列为国家社科基金重大项目。

（三）人口学科研项目情况

2010 年起，人口与生态研究所的科研项目逐年增多，取得国家社科基金 6 项，龚文娟、任锋、李明欢、陈茗分别获得国家社科基金一般项目立项。2010 年以龚文娟教授为首席专家的“城市居民社会经济地位差异与环境风险分布研究——以北京、重庆、厦门的垃圾处理场为例”被列为教育部人文社科基金青年项目。2011 年以龚文娟教授为首席专家的“城市公众应对环境风险的能力及行为研究”被列为国家社科基金青年项目。

表 14　社会与人类学院主要科研项目

名称	编号	来源及类别	起讫时间	负责人	经费总额（万元）
健全我国乡村基层治理体系研究	20ZDA081	国家社科基金重大项目	202004—	胡荣	80
健康社会工作的文化实践研究	20JHQ077	教育部哲学社会科学研究后期资助（一般）项目	202005—	童敏	10
中国社会工作者职业生存的叙事研究	20BSH124	国家社科基金一般项目	202009—	张洋勇	20
新中国 70 年社会发展与社会变迁研究	19ZDA141	国家社科基金重大项目	201912—202312	徐延辉	80

续表

名称	编号	来源及类别	起讫时间	负责人	经费总额（万元）
中国法律社会学的学术脉络与本土化理论构建研究	19CSH002	国家社科基金一般项目	201907—202307	刘子曦	20
乡村生态环境协同治理效应评价与机制创新研究	19BSH082	国家社科基金一般项目	201907—202206	龚文娟	20
不确定性条件下科学知识生产模式的社会学研究：以环境健康风险评价为例	19YJAZH129	教育部人文社会科学研究一般项目	201901—202012	周志家	10
台湾各人群精细遗传结构及混合过程	31900406	国家自然科学基金青年项目	201901—202112	韦兰海	25
儿童照顾对城市家庭二孩生育决策的影响及政策选择研究	18BRK036	国家社科基金一般项目	201807—202112	唐美玲	20
新时代的场景实践与中国社会工作本土化理论体系研究	18BSH151	国家社科基金一般项目	201807—202107	童敏	20
文化视角下的台湾民众政治行为与其“人权”概念研究	18BMZ039	国家社科基金一般项目	201807—202107	高信杰	20
新时代海峡两岸乡村建设中的艺术介入与文化认同研究	18CH203	国家社科基金艺术学项目	201809—202112	冯莎	18

续表

名称	编号	来源及类别	起讫时间	负责人	经费总额（万元）
中国东南各族群的遗传混合	31801040	国家自然科学基金	201901—202112	韦兰海	25
公众对重化工项目的风险评价及应对行为研究——以PX项目为例	17YJA840003	教育部人文社科基金一般项目	201707—202002	龚文娟	10
警察信任与和谐警民关系的建构	17ASH005	国家社科基金重点项目	201701—202012	胡荣	35
新媒体语境下环境风险的社会放大效应及机制研究	16CSH016	国家社科基金青年项目	201606—202012	卜玉梅	20
以职业流动驱动农民工市民化的策略研究	16BRK010	国家社科基金一般项目	201606—201812	任锋	20
广西化石猩猩牙齿釉质微结构与生长发育研究	41502009	国家自然科学基金青年项目	201601—201901	胡荣	25
网络人类学理论、方法与学科本土化研究	15YJC840001	教育部人文社科基金青年项目	201509—202004	卜玉梅	8
当代中国的自我关注与公民性：海峡两岸的比较研究	15YJA840021	教育部人文社科基金一般项目	201501—201906	易林	10

续表

名称	编号	来源及类别	起讫时间	负责人	经费总额（万元）
赋权视角下的城中村社区认同重构：城中村社区博物馆的行动研究	15YJA840017	教育部人文社科基金一般项目	201509—201709	魏爱棠	10
农民工组织内信任建构与发展的追踪研究	15YJA840013	教育部人文社科基金一般项目	201506—201806	潘颖秋	10
少数民族医疗体系研究：以医疗求助模式为重点	15YJA850008	教育部人文社科基金一般项目	201509—	杨晋涛	10
关于中国殡葬政策的人类学研究	15YJC850025	教育部人文社科基金一般项目	201509—	张志培	8
国家认同视角下的内地西藏班教育政策及其实践研究	15CSH039	国家社科基金青年项目	201506—201806	阳妙艳	20
社会质量视角下的农民工市民化研究	15BSH070	国家社科基金一般项目	201506—201912	徐延辉	20
台湾社会结构与变迁研究	14091712	研究基地与实验室项目	201409—201712	胡荣	80
2013年度国家社科基金重大课题攻关项目问卷（西安交通大学）	13&ZD177	国家社科基金合作项目	201408—201511	龚文娟	9

续表

名称	编号	来源及类别	起讫时间	负责人	经费总额（万元）
农民工组织内信任建构与发展的追踪研究	15YJA840013	教育部人文社科基金一般项目	201506—201806	潘颖秋	10
新媒体环境下社区建设的新路径研究	14CSH005	国家社科基金青年项目	201406—201707	陈福平	20
人类学与流行病学跨学科合作研究	14CMZ013	国家社科基金一般项目	201406—202006	宋雷鸣	20
城乡居民健康不平等的社会学研究	14ASH007	国家社科基金重点项目	201406—201610	胡荣	35
文化生态保护区的理论研究	14JFWH08	教育部人文社会科学研究专项任务	2013—2014	彭兆荣	5
闽台海洋民俗文化遗产资源调查与研究	13&ZD143	国家社科基金重大项目	201311—2018	张先清	80
网络时代网民风险感知和精神健康的交互建构模式研究	13CSH057	国家社科基金青年项目	201306—201906	郑思明	18
城乡居民的警察信任研究	13061612	研究基地与实验室项目	201306—201612	胡荣	100
十七世纪西班牙文献中的郑成功家族史料辑录、翻译与研究	13JJD770023	教育部人文社会科学重点研究基地重大项目	2013—2014	张先清	20

续表

名称	编号	来源及类别	起讫时间	负责人	经费总额（万元）
养老消费与养老产业发展研究	12BRK009	国家社科基金一般项目	201206—201412	陈茗	15
垃圾焚烧问题的社会学与传播学研究	12BSH022	国家社科基金一般项目	201206—201804	周志家	15
社会工作和志愿服务在民生与社会建设中的功能作用研究	ZX2012002	民政部委托招标课题	201201—201206	童敏	20
制造认同：虚拟社区和社会网络的现实构建关系研究	11YJC840004	教育部人文社科基金一般项目	201109—201309	陈福平	7
中国南方少数民族家谱整理与研究	——	国家社科基金重大委托项目	2011—2015	张先清（陈支平主持）	——
城市公众应对环境风险的能力及行为研究	11CSH019	国家社科基金青年项目	201107—201407	龚文娟	15
欧洲中国新移民社群研究	11BMZ038	国家社科基金一般项目	201107—201407	李明欢	15
社会质量视角下的社会建设研究	11ASH001	国家社科基金重点项目	201107—201502	徐延辉	25
就业质量对青年农民工社会认同的影响研究	11YJC840047	国家社科基金一般项目	201104—201312	唐美玲	7
中国非物质文化遗产体系探索研究	11&ZD123	国家社科基金重大项目	201110—	彭兆荣	7

续表

名称	编号	来源及类别	起讫时间	负责人	经费总额（万元）
台湾原住民问题研究	11AZD069	国家社科基金重点项目	2011—2016	邓晓华	25
城市居民社会经济地位差异与环境风险分布研究——以北京、重庆、厦门的垃圾处理场为例	10YJC840025	教育部人文社科基金青年项目	201011—201309	龚文娟	7
汉藏语系谱系分类及其时间深度的研究	10BYY069	国家社科基金项目	2010—2013	邓晓华	12
农村社区自组织能力与公共物品供给研究	70973102	国家自然科学基金面上项目	200901—201312	胡荣	22
遗产建构过程中的历史记忆与文化认同	09BMZ021	国家社科基金一般项目	200907—201401	魏爱棠	9
农村社会全面进步中的社区建设研究	08&ZD031	国家社科基金重大项目	200904—201112	胡荣	50
流动的文化结果：对参加英语培训项目（ETP）藏族学生的个案研究	教外司留【2008】890号	教育部其他类别项目	200901—201112	易林	2
农民工精神健康问题的社会学研究	08BSH022	国家社科基金一般项目	200801—201210	胡荣	10
人口流动与文化公民身份	08BSH046	国家社科基金一般项目	200801—201212	易林	9

续表

名称	编号	来源及类别	起讫时间	负责人	经费总额（万元）
教育救助与农村贫困人口的社会流动	07BSH034	国家社科基金一般项目	200706—201102	徐延辉	10
流动的文化结果：对两个不同社会—文化群体的一个比较研究	07JA840021	教育部人文社会科学研究规划项目	200706—201106	易林	5
无知条件下的风险管理：德国环境质量标准的制订及其对中国的启示	教外司留【2005】383 号	教育部其他类别项目	200601—200812	周志家	3
岭南走廊·潇贺段文化遗产的人类学研究	05BMZ027	国家社科基金一般项目	200505—2008	彭兆荣	7
中华南方民族的起源及形成	05&ZD012	国家社科基金重大项目	2005—2009	陈支平	25
农村基层政权功能退化与对策研究	04ESH031	国家社科基金一般项目	200406—200512	胡荣	6
畲族地区的经济生产方式转型与社会文化变迁	04EMZ009	国家社科基金一般项目	200405—	石奕龙	6
城市化进程中的农村社会保障问题研究——村民的意愿与制度性安排	03BSH029	国家社科基金一般项目	2003—200612	张友琴	6
村民自治与农村社区的社会资本重建	01BSH027	国家社科基金一般项目	200106—200310	胡荣	6

续表

名称	编号	来源及类别	起讫时间	负责人	经费总额（万元）
汉语方言的研究与语言接触理论的建构	99BYY017	国家社科基金一般项目	199907—	邓晓华	6
周边国家民族关系对我国的影响及对策研究	98BMZ017	国家社科基金一般项目	199805—2001	彭兆荣	6
当代西方文化人类学的现状与发展趋势研究	93BMZ013	国家社科基金一般项目	199305—	石奕龙	6

第七部分
社会服务

厦门大学社会与人类学院各学科各系一直注重与实务、实践相结合，充分发挥学科优势，服务社会。具体表现在如下几个方面：

一、发挥高端智库作用，为政府决策提供参考

开展大量应用研究，提出了许多有价值的政策建议，并被相关部门采纳。如以李明欢为代表的研究团队多次获得中国侨联、国务院侨务办公室的重要批示，朱冬亮的研究报告获得教育部批示，胡荣的多项研究成果则通过政协渠道为地方政府决策服务。

依托地缘优势和闽南侨乡的历史特点，社会与人类学院累积了一批优秀的侨情研究成果，在国家侨务政策制定方面，发挥着重要的智库作用。一些研究成果直接服务于国务院及地方侨办，其中以中国华侨历史学会副会长、社会学系李明欢教授的中国华侨华人研究为代表。2011 年李明欢教授负责的“欧洲中国新移民社群研究”项目获得国家社科基金，研究成果 2 次获得正部级领导亲笔批示，14 项被省部级有关部门采纳。具体包括：

1.获全国侨联主席林军(正部级)批示两次：(1)2011 年 12 月 6 日，李教授应邀向中国侨联林军主席汇报关于海外侨情的调研及思考，林军主席当场批示：“明欢同志：您讲得非常好！这是真正的理性思维。这些问题的解决是中央最需要的。”(2)2012 年 3 月，李教授向中国侨联提交书面报告：《国际移民研究热点与华侨华人研究展望》，得到中国侨联林军主席的高度评价，林军主席在报告上亲笔批示：“这份材料写得很有深度，提出了许多侨务工作必须面对而至今尚未认真研究的重大问题，值得高度重视。”

2.两项成果获国务院侨务办公室颁发“领导阅示采用证明”:(1)《关于有针对性地举办华侨华人研习班以提高研习效果的建议》(调研报告,2013 年 12 月 10 日);(2)《做海外华裔青年工作应有所选择有所侧重》(调研报告,2013 年 12 月 10 日)。

3.一项成果入选福建省政协《政协信息专报件》,成果名称为《建议培育沟通中欧社会“华二代”知识型精英人才》。

4.一项成果入选中国侨联《中国侨联侨情专报》,成果名称为《李明欢谈近年来欧洲华人社团发展新趋势》(调研报告,2013 年第 2500 期)。

二、社会工作系同医院合作开展城市社区精神健康综合服务

2013 年起,厦门大学社会工作系与闽南地区唯一一家三级甲等精神病专科医院——厦门市仙岳医院签订“城市社区精神健康综合服务”合作项目协议,该项目是北京大学—香港理工大学·中国社会工作研究中心面向全国招选的五十几个项目申请中脱颖而出的唯一的精神健康项目。社会工作系在仙岳医院建立的“厦门大学社会工作专业实践研究基地”,成为国内屈指可数的精神健康综合服务实践研究基地。2017 年至今,童敏教授、郑思明老师,带领社工团队再创精神专科医院综合康复服务创新模式。多年以来,通过与医院、社区持续的合作项目实施,累计服务 90 多例精神障碍患者、康复者个案及家属辅导案例、65 个专业小组工作(涉及入院适应、药物调适、社会技能、情绪认知、自我接纳、同伴互助、自主管理、生活重整等主题)以及近 50 场院内及社区的精神障碍者参与的大型活动,上万人次服务对象受益。此外,还培养了 30 余名精神障碍康复志愿者骨干,建立了骨干委员会、家属互助支持平台,以亲身的疾病康复经验鼓励和帮助其他精神障碍患者及其家庭。该项目取得较好的社会反响,《福建日报》《厦门日报》等媒体均有专门采访报道。在扎实的服务和科研项目的基础上,积极为政府工作建言献策。其中,郑思明老师执笔的民盟市委重点课题《多部门、多学科联动帮助精神病人康复回归社会建议》入选 2017 年 9 月 12 日厦门市政协“推进社区治理能力现代化”十三届七次主席会议书面发言。

六年多来,社会工作系还积极参与厦门市全国精神卫生综合管理试点城市

的试点工作，得到全国卫计委的肯定，成为厦门市精神卫生综合管理试点工作中的重要组成部分(闽卫疾控函［2015］422 号)。在社会工作系的推动下，厦门市仙岳医院于 2014 年 11 月 25 日成立社区康复工作小组(厦仙医[2014]55 号)，于 2016 年 4 月 13 日成立社工部(厦仙医[2016]17 号)，并负责举办了 2017 年“精神健康社会工作医务领域应用:多专业的对话与启示”和 2020 年“社会心理体系建设与精神健康社会工作”两场全国研讨会。

在社会工作系的推动下，2015 年 10 月，中国社会工作研究中心在全国范围内发起两年期的“精神健康社会工作培训计划”，建立国内首次精神健康领域社会工作的专项培训，旨在提高国内高校教师精神健康社会工作的实务研究能力，加强高校与实际部门的联系，开拓国内精神健康社会工作的服务。社会工作系童敏教授担任该培训计划的导师，郑思明老师、牛少男博士均入选该计划，参与了培训计划的设计、组织和实施工作。社会工作系还承办了该培训计划的第一期培训暨“精神健康社会工作理论与实务”研讨会。2018 年童敏教授获得社会工作领域最高奖项第七届“林护杰出社会工作学人奖”，2017 年郑思明老师带领的“城市社区精神健康综合服务”获得第五届“林护杰出社会工作服务项目奖”。

三、人口预测助力地方公共服务均等化

人口与生态研究所针对厦门市流动人口比例大、农村转移人口市民化任务重的现实需求，与厦门市发改、卫健、教育和城市规划等职能部门开展长期合作，人口学学科累积了一批人口发展趋势与公共服务配置的成果。在城市发展规划和公共服务供给政策制定中发挥着重要的智库作用。自 2016 年以来，在相关方面开展课题 10 余项。涉及政策改革、建设规划和服务需求等多方面，研究成果被多项政策文件采纳转化为社会效益。

1.决策支持:通过对不同政策设定下的厦门市户籍人口增长趋势模拟，为厦门市放宽落户门槛和完善随迁子女积分入学政策提供决策支持。提交《“十三五”期间厦门市人口发展趋势(内参)》和《厦门市人口发展趋势与教育资源布局(呈报件)》等研究成果。最终促使厦门市对外来人员居住证年限要求由 8 年下调至 5 年。

2.建设规划:通过对厦门市六区人口预测,提出了未来各区幼儿园、小学、初中和高中层次等学龄人口的增长趋势及相应的学位缺口情况。为学位规划的配比指标调整、建设标准调整提供了数据支持。主要研究结果被《厦门市"十三五"教育事业发展专项规划》和《厦门市教育设施规划 2017—2035》采纳。

3.服务需求:针对流动人口市民化问题开展了多项典型调查。2016 年开展了流动人口职业与发展调查,2018 年开展了面向全年龄段流动人口家庭的健康服务调查,2019 年开展 0～3 岁托幼服务现状与需求调查。最终向相关职能部门提交了相关报告。

基于人口预测研究方面的积累,研究所正在进一步提升服务层次,把在厦门市取得的经验向福建省内推广。在学术服务方面,2019 年 11 月 23 日与中国人口学会健康委员会联合举办第一届人口健康论坛。论坛以青少年健康为主题,共有来自政府、科研院所和高校的 80 余位专家学者参加。

四、开放人类学专科博物馆,保护文化遗产

厦门大学人类博物馆是联合国教科文组织认定的著名博物馆,也是中国大陆唯一的一所人类学专科博物馆。1934 年著名人类学家林惠祥创办私立厦门人类博物馆筹备处,1952 年春人类博物馆设立。2006 年至今,人类博物馆已向公众连续开放十多年。这里已被确定为省级科普教育基地,修缮后馆舍面积达2000 多平方米,包括有七个展室和一个碑廊,共有近 6000 多号文物。

文物涵盖旧、新石器时代、商周、战国秦汉、魏晋南北朝、隋唐五代、宋元明清多个历史时期,既有少数民族、闽南风俗、南洋民族的文物,也有从猿人到现代人进化的系列模型和碑廊。陈列品展示人类及其文化的进化,侧重展示中国东南区文化和南洋文化。其中,文化的起源和发展部分陈列了台湾新石器和福建新石器印纹陶以及甲骨、铜器、明器、货币、瓷器、字画、武器、宗教品、雕塑品等,还有泉州大海船模型、福建古瓷和古伊斯兰教石刻以及东南亚出土的新石器等;中外民族文物部分陈列有华北、西南民族和畲族、高山族以及南洋、印度、澳大利亚的民族文物等。该馆编著或参加编著出版的著作有《林惠祥人类学论著》《郑成功与高山族》《人类学研究》《百越民族史论集》《高山族简史》《畲族史稿》等书。

中国东南新石器时代的遗物反映了台湾与祖国大陆古文化的渊源关系。

人类学博物馆是一所专业性的博物馆,专门收集和陈列有关人类及其文化发展的文物,以说明人类本身的起源演变以及其生活文化的发展历程。同时,它在科研、教学和社会教育方面也发挥了一定作用。具体体现在四个方面:(1)作为人类学的研究机构,进行民族学(狭义的文化人类学)调查,考古调查、发掘和科学研究,为中国东南区民族学、考古学的研究奠定了初步基础;(2)培养民族学、考古学、博物馆学专门人才;(3)配合教学,供本校民族学、考古学、历史学等课程教学的参考;(4)进行社会教育和科学普及,供校外人士和中小学生参观。

五、"我的村庄建设"运动,为乡村振兴献策助力

胡荣教授长期从事农村政权建设研究,不仅从学理上探讨村民自治,而且关心农村发展,通过各种方式参与到乡村建设中。早在 2008 年 3 月,胡荣教授就在台海网和新浪网的博客上发出"我的村庄建设倡议书",呼吁各界人士有钱出钱、有力出力,到农村做一点事情,促进农村的发展,"让我们每个人都根据自己的网络去找一个村庄,为那里的农民做一点事情。我们以个人联系'结对子'的方式帮助特定的村庄,不需要经过任何中介机构或组织"。这封倡议书在国内学术界及社会各界产生了广泛影响,许多学者分别以博客留言、短信、打电话等方式,表示支持这一倡议。一周之内有洪大用、张静、罗红光、杨团、张文宏、文军、仝志辉等一百二十多位国内知名学者签名支持这一倡议,还将倡议书转到他们的网站或博客上,从而在更广范围内产生了影响。这一倡议在全国范围掀起一场"我的村庄建设"运动。与此同时,这一倡议也得到了上海电台、香港《文汇报》和香港《大公报》、《海峡导报》、《厦门商报》、厦门电视台等媒体的关注和报道。

在发起"我的村庄建设"运动的同时,胡荣教授积极投入到乡村建设中去。2005 年他捐款 2 万元,用于铺设家乡的村道。他多次带领学生到寿宁农村调研,把寿宁县犀溪西浦村作为社会实践的观察点,积极为家乡寿宁县的农村建设建言献策。在他的参与和倡议下,寿宁县的乡村旅游资源得到开发,成了远近闻名的乡村旅游点。2011 年西浦村荣获"中国最有魅力休闲乡村"称号,2015 年获得宁德市"十大最美乡村",2016 年荣获"历史文化名村"称号,2018 年被评为

“福建省文明村”并获得“海西十佳魅力乡村”荣誉称号，2019 年入选国家第一批森林乡村名单。

六、深圳市严重精神障碍社会心理服务体系建设

厦门大学社会工作系在 2016 年与全国“社会心理服务体系建设试点”城市深圳的南山区慢性病防治院签订了合作协议，成为培养我国首批精神卫生专职社工和创建全国“社会心理服务体系建设试点”的实务培训和实务研究的重要专业支持力量。根据试点工作要求，厦门大学社会工作系为深圳市南山区制订了我国首批精神卫生专职社工的社会工作培训课题，并且组织开展了为期一周的岗前精神卫生专职社工实务技能提升的培训，培养了深圳市南山区 100 名精神卫生专职社工，之后，还针对深圳市南山区 4 个片区的精神卫生专职社工进行了为期 1 年 6 次的现场实务督导和 6 次的网上远程督导；同时，还帮助深圳市南山区慢性病防治院建立了深圳南山区精神卫生专职社工督导团队，培育了 4 名精神卫生专职社工督导，累积督导培训次数 10 次，讲座 3 场。此外，厦门大学社会工作系还参与了深圳市精神卫生专职社工高级培训班的社工课程培训，为深圳市 800 名精神卫生专职社工提供现场的实务案例分享和技能指导。

厦门大学社会工作系一直注重实务研究，关注实务经验的总结和提炼，与深圳南山区慢性病防治院社工督导团队组成实务研究团队，一起编写了《严重精神障碍患者社区康复服务指南——深圳市南山区主动式社区治疗的本土实践》（2018 年）、《严重精神障碍社区康复社工实务——深圳市南山区的外展服务》（2019 年）专著 2 部，总结深圳市南山区在严重精神障碍社会心理服务体系建设中的经验和做法，提炼我国本土严重精神障碍社会心理服务体系建设的服务模式，成为我国精神卫生社会工作实践领域的首部专著，实现了零的突破。此外，厦门大学社会工作系还与深圳南山区慢性病防治院社工督导团队一起撰写了学术论文 5 篇和实务论文 8 篇，参与全国精神卫生社会工作会议 4 次，分享深圳市南山区在严重精神障碍社会心理服务体系建设中的经验和做法，使得南山区不仅成为整个深圳市严重精神障碍社会心理服务体系建设试点工作的中坚力量，而且成为全国严重精神障碍社会心理服务体系建设试点工作的示范，有力推动

了我国精神卫生领域社会工作的发展。

七、助力妇女儿童事业发展，促进性别平等

社会学系密切关注厦门市妇女、儿童发展需求与状况，十几年来与厦门市妇联、厦门市妇儿工委办保持密切的联系与合作，在妇女儿童发展纲要制定、监测评估和公共服务供给政策制定中发挥着重要的智库作用。自 2016 年以来，开展课题研究 10 余项，涉及纲要制定、监测评估和服务需求等方面。

1.纲要制定：在充分调查厦门市妇女、儿童发展情况及发展潜力的基础上，社会学系协助厦门市妇儿工委制定了《厦门市妇女发展纲要(2011—2020 年)》《厦门市儿童发展纲要(2011—2020 年)》，“两纲”在全市颁布施行。同时，根据厦门市六区发展特点，完成厦门市六区的妇女儿童发展纲要的制定。社会学系助力厦门市妇联、妇儿工委的合作模式得到其他省市妇联的认可，并协助海南省三亚市完成《三亚市妇女发展规划(2011—2020 年)》和《三亚市儿童发展规划(2011—2020 年)》的制定与颁布实施。

2.监测评估：2016 年以来社会学系承担了多次厦门市及六区的“两纲”监测评估、中期监测评估和终期监测评估工作，及时了解厦门市妇女儿童发展状况，发现厦门市妇女儿童发展中的问题与不足，为进一步提高厦门市妇女儿童事业发展水平，推动厦门市两纲目标的实现建言献策。

3.服务需求：针对厦门市不同地区妇女儿童发展的需要，配合相关部门工作，开展有针对性的调查研究，为相关部门活动开展和政策制定提供智力支持。近年来开展了发挥妇女在社区建设中的作用调查(海沧区妇联)和海沧区青年发展状况调查(海沧区团委)。向相关部门提交了研究报告。

八、开展中国台湾、东南亚等区域社会学研究，长期为国家战略建言献策

厦门大学社会学学科，充分整合学校台湾研究院、南洋研究院等国家重要智

库的社会学研究力量，发挥地缘优势，开展相关区域社会学研究，为国家战略建言献策。在我国台湾社会结构和治理研究方面，学科教师始终坚持体制创新和观念创新，还注重开展现实问题的研究，发挥中国特色新型高校智库的作用，不仅承担和完成各级对台工作部门委托的大量调研课题，还主动开展涉台调研和侨接实践活动，对接国家和省市对台工作需要，做到“顶天立地”，在为党政部门提供决策参考、社会咨询服务等方面都取得丰硕成果。学者不仅仅埋头于案牍文本，还通过各种讲座、报纸、电视、新媒体等发出厦门大学声音，力求透过理性、客观、全面、深入的分析，诠释大陆对台政策，展现大陆的诚意和善意，降低两岸的敌意，增进民众间的了解和共识。

在东南亚移民社会研究方面，移民社会学方向研究人员加强与中央有关部门的合作，积极为我国周边外交战略服务；为中共中央外事办、外交部、商务部、教育部、国侨办、安全部、全国侨联等部委提供有关中国与东盟关系、东南亚政治经济形势、东南亚侨情、南海问题和“海上丝绸之路”等咨询报告，并获得采纳。同时，多位研究人员参与外交部、中联部等举办的有关东南亚、中国与东盟关系、南海问题的专题研讨会，并提出相关的对策建议，提升参与国家重大决策的能力，打造“新型智库”。

此外，语言人类学、文化人类学方向也依托我校的国务院侨办华文教育基地、国家汉办汉语国际推广南方基地等平台，以服务于汉语国际推广和孔子学院建设为目标，以师资培训、教材和课程课件开发为龙头，以汉语国际教育和文化传播研究及市场推广为取向，开展国际汉语教学、教师和教材状况的调查研究，建设远程教师教育体系和教学资源支撑体系，研发国别化教材和教学法，培训师资及志愿者，建立汉语推广人才储备库，开展汉语国际推广理论研究与应用开发，着力提升服务孔子学院建设发展的能力和水平。

九、体质人类学通过协助公安破案、科普和暑期培训班等方式服务社会

人类遗传学和体质人类学的研究可应用于群体遗传结构、特殊体质特征的遗传机理、族群起源与演化、法医学和文化人类学等领域的研究，在医学、法医学

和人类学领域有较大的社会应用价值。王传超教授多年来一直应用分子人类学方法协助上海市公安局、浙江绍兴公安局、温州公安局、河南荥阳公安局、甘肃白银公安局等进行重大刑事案件的人类学身源鉴定工作，为打击违法犯罪、维护社会稳定付出不懈努力（人民网予以报道）。另外，王传超教授还与中国科协、《知识分子》、果壳网、湛庐文化、TED大会、一席等合作开展公益讲座、撰写科普文章等，其中“让DNA来回答：我们的祖先是谁？从哪里来，又要到哪里去？”、一席“关于人类祖先，古DNA能告诉我们什么”等科普讲座视频累计在线观看人数达30多万，推动人类学知识的普及。

为了进一步用专业知识服务社会，本学科人类学系集合了多个方向的师资力量，在2019年夏天举办了持续十天的生物人类学数据分析暑期培训班。培训的内容包括：DNA测序数据方法及可视化、R语言基础与绘图、体质特征的遗传学基础及研究方法、人类遗传学基本原理、遗传学在家族谱系研究和法医领域的应用、人体形态观察与测量（包括骨骼与活体及法医学应用）、人类的起源与进化、古人类化石鉴定等。内容丰富，包含了很多前沿的内容。培训班受到兄弟院校的热烈欢迎，来自四川大学、贵州医科大学、华侨大学、内蒙古师范大学、宁夏医科大学和甘肃政法大学等高校的35名学员参加了此次培训班。

十、对口支援西部院校，助力西部学科发展

社会学学科坚决贯彻落实教育部及学校的相关要求，充分发挥自身优势，创新工作举措，积极做好西部多所高校的对口支援与对口合作建设各项工作，有力促进西部社会学和民族学学科发展。

深化合作交流，助力质量提升。厦门大学于2003年开始对西藏民族大学开展对口支援工作，先后签署多轮对口支援协议。社会学系选派唐美玲等优秀教师赴西藏民族大学支教，开设“社会学概论”、“社会研究方法”和“社会工作”等相关课程，帮助受援院系完善培养方案和教学计划，缓解受援学院专业教师紧缺问题，帮助青年教师提升教育教学水平。同时，本学科还为西藏民族大学培养了一名社会学博士，该生目前已成为学校社会工作专业的学科带头人。2018年张亚辉教授代表人类学与民族学系赴西藏大学，参加教育部部区合建高校专项调研

工作座谈会，积极推动厦门大学与西藏大学合作与交流。

加强学科建设，密切人才交流。厦门大学对口支援贵州师范大学始于2006年，社会学系先后派出胡荣等教授到贵州师范大学开设“山海风流”系列讲座。从2012年开始，本学科为贵州师大培养了彭国胜、罗竖元、罗艳萍、李萍等多位社会学博士，有力地推动了贵州师大社会学科的发展。开展对口合作，促进协同创新。厦门大学与宁夏大学于2014年签署合作交流，社会与人类学院于2019年10月同宁夏大学合办首届民族学贺兰山论坛。民族学贺兰山论坛是部区合建的宁夏大学民族学学科群重要学术交流平台，也是宁夏大学和厦门大学、陕西师范大学对口合作的学术品牌。宁夏大学、厦门大学、陕西师范大学在高水平人才共享、联合开展人才培养、重大项目攻关、文化旅游产业研发等方面开展实质性的对口合作，宁夏大学民族学学科综合实力和对其他学科的辐射带动效应明显提升，通过协同创新机制研发的“丝路西夏”和“丝路宁夏”文创，在服务宁夏及周边地区文化旅游融合发展和全域旅游示范区创建中，取得了显著的成效。

十一、发展高校与实务界社工协同网络，助力武汉养老院抗疫紧急援助

厦门大学社会工作系长期秉持“实务—教学—研究”三位一体的学科建设模式，重视与实务界伙伴同行，回应他们的需求。特别是在医养结合、社区社会工作领域，社会工作系不仅为厦门市培育了46名社会工作实务督导，并且持续透过实务研究的合作，发展高校与实务界社工协同行动网络，帮助厦门社工实务界拓展实务项目和提升项目服务的水平。

2019年以来，厦门大学社会工作系更进一步推动厦门社工尝试建立专业协作联盟，探索与慈善基金会等社会力量协同发展边缘性群体服务的路径。2020年年初武汉疫情突然爆发，厦门大学社会工作系了解到弱群集中的养老机构在疫情中，面临防疫物资短缺与照护人员流失的双重危机，严峻的疫情风险却被社会所忽视。针对武汉养老院疫情期紧急资源短缺、公开求助困难、社会资源输送渠道缺乏等需求，从2月上旬开始，厦门大学社会工作系即启动了武汉养老院突发疫情紧急援助社会工作服务。这个紧急援助服务包括了两个阶段的工作

任务。

第一阶段主要是针对武汉养老院急需防疫与特殊照护物资的紧急援助。厦门大学社会工作系依靠其培育的高校与实务界社工的专业协作联盟，借助高校之间的跨地域网络联系，组建了跨地域紧急援助社会工作专业中介平台。首先，联合养老社工与社区社工成立了厦门社工志愿联盟，整合厦门直接支援武汉的基金会与爱心团体力量，建立厦门直接援助武汉养老院资源伙伴联盟，协助打通厦门社会力量援助武汉养老院的资源输送通道。其次，利用高校交流网络，搭建厦门—武汉社工协作网络，推动武汉社工投入武汉养老院的紧急需求评估与武汉养老院网络连接，建立武汉养老院紧急需求信息反应平台。再次，运用高校交流网络，联动广东高校社工系，组织广东的基金会与养老院参与武汉养老院紧急援助资源协作网络。

这个跨地域紧急援助社会工作专业中介平台，创新性地解决了灾害紧急援助中长期困扰慈善救助的服务输送问题，实现了紧急援助需求与资源的精准高效对接，有效凝聚了社会力量助力政府抗疫。在短短一个月内，这个平台联动了包括4个基金会、多个企业、社会团体与爱心志愿者在内的27个资源协同伙伴、3个高校社工系、14间社工机构，支援了35个武汉养老院和1个社区隔离点。直接受益人数超过5000人，援助物资总值超过30万元。厦门大学社会工作系主动服务疫情期边缘性社群的行动，得到了武汉养老院的广泛赞誉和中国社会工作教育协会的高度肯定。

在中国社会工作教育协会的支持下，厦门大学社会工作系协同福建、广东、江苏4个城市的4个高校社工系和1个养老健康学院，继续针对武汉养老院解封前院内服务危机，开展第二阶段社会工作紧急援助服务。这个院内服务紧急支援主要旨在协助武汉养老院缓解隔离期老人社交孤立困难、新冠感染老人家属沟通困难以及隔离期新冠感染老人出院后照顾困难。目前联动了包括5间具有较强专业服务能力的养老院多专业服务团队，以及一批从事丧亲辅导、医事纠纷处理、感染照顾的跨专业专家团队，为武汉的5间重点养老院提供紧急援助服务，并在此基础上，开展养老院突发公共卫生事件应急管理机制的实务研究探索。

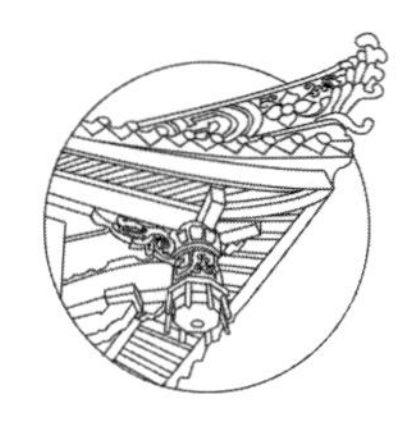

附
社会与人类学院教授简介

一、社会学系教授

胡荣 博士(香港城市大学)，教育部长江学者特聘教授(博士生导师，社会学博士后流动站合作导师)，任中国社会学会副会长、教育部社会学学科教学指导委员会副主任委员、福建省社会学会会长、厦门大学社会与人类学院院长。主要研究领域为村级选举、社会资本与政治信任，创立社单位理论。先后主持 7 项国家社科基金项目，其中 2 项为国家社科基金重大项目、2 项为国家社科基金重点项目，成果连续三届获得教育部高等学校科学研究优秀成果奖。主要代表作：《中国大陆村委会选举的制度实施：福建的案例研究》(台湾洪叶文化有限公司，2004 年)；《社会资本与中国农村居民的地域性自主参与》(《社会学研究》2006 年第 2 期)；《农民上访与政府信任的流失》(《社会学研究》2007 年第 3 期)；"Economic Development and the Implementation of Village Elections" [*Journal of Contemporary China*, 2005, 14(44)]；"Chinese Trust in the Police: The Impact of Political Efficacy and Participation" [*Social Science Quarterly*, 2015, 96 (3)]。

徐延辉 博士(辽宁大学)，教授(博士生导师，社会学博士后流动站合作导师)，教育部新世纪优秀人才，社会与人类学院副院长。主要研究领域为经济社会学与社会政策。迄今主持 5 项国家社科基金项目，其中 1 项为重大项目，1 项为重点项目；主持多项福建省社科规划项目。在《社会学研究》《政治学研究》《中国社会科学》《经济社会体制比较》等杂志发表数篇论文，多篇论文被《中国社会科学文摘》《人大复印资料》转载，其中发表于《政治学研究》2004 年第 1 期的《福利国家的风险及其产生的根源》和《吉林大学社会科学学报》2014 年第 6 期的

《社区能力、社区效能感与城市居民的幸福感》先后获得福建省优秀社会科学成果三等奖，专著《社会质量、社会建设与幸福感》获《中国出版传媒商报》2018 年影响力图书推展。主要代表作：《福利制度运行机制：动力、风险及后果分析》（《社会学研究》2003 年第 6 期）；《社会质量测量维度与城市社区创新》（《中国社会科学》2014 年第 3 期）。

易林 博士（英国布里斯托大学），教授（博士生导师，社会学博士后流动站合作导师），中国社会学会文化社会学专业委员会副理事长，社会学系主任。主要研究现代性下文化与政治的交错互动，近期关注伦理政治与生物公民身份、日常实践中的愿景政治。先后主持过国家社科基金和教育部项目。主要代表作：*Cultural Exclusion in China: State Education, Social Mobility and Cultural Difference* (Routledge, 2008); "Ethnicization through Schooling: The Mainstream Discursive Repertoires of Ethnic Minorities" [*The China Quarterly*, 2007(192)]; "Turning Rurality into Modernity: Suzhi Education in A Suburban Public School of Migrant Children in Xiamen" [*The China Quarterly*, 2011(206)]; "Cultivating Self-Worth among Dislocated Tibetan Undergraduate Students in a Chinese Han-Dominated National Key University" [*British Journal of Sociology of Education*, 2012, 33(1)]; "Individuality, Subjectivation, and Their Civic Significance in Contemporary China: The Cultivation of an Ethical Self in a Cultural Community" (*China Information*, 2018, Online First Sept 24); "The Emergence of Life Politics among Neidiban Tibetan College Graduates and Its Implications for Pedagogy" [*Asian Studies Review*, 2019, 43(1)]。

陈福平 博士（中山大学），教授，兼任福建省社会学会秘书长、福建省城乡社区治理专家委员会委员、中国社会学会网络社会学专委会理事，入选福建省杰出青年科研人才项目，社会学系副主任。主要研究领域为城市社会学、网络社会学。主持国家社科基金、教育部人文社科基金等项目，曾获福建省社会科学优秀成果青年佳作奖、全国优秀博士论文提名等奖项。多篇论文发表于《社会学研究》《社会》等专业重要期刊，并被《中国社会科学文摘》《人大复印报刊资料》等转载。主要代表作:《转型期中国的公众参与和社会资本构建》(中国社会科学出版社,2018 年);《强市场中的“弱参与”:一个公民社会的考察路径》(《社会学研究》2009 年第 3 期);《社交网络:技术 vs. 社会——社交网络使用的跨国数据分析》(《社会学研究》2013 年第 6 期);《见“微”知著:社区治理中的新媒体》(《社会学研究》2019 年第 3 期)。

二、人类学与民族学系教授

叶文程 硕士(厦门大学),教授,曾任厦门大学人类学系主任和厦门大学人类博物馆副馆长,现兼任中国古陶瓷研究会会长及秘书长、福建省考古博物馆学会副理事长等职。长期从事中国古陶瓷和古外销陶瓷研究工作,在陶瓷鉴定和考古方面有很深的造诣。出版著作多部,发表论文 80 余篇。主要代表作有:《中国古外销瓷研究论文集》(紫禁城出版社,1988 年);《福建陶瓷》(合著,福建人民出版社,1993 年);《晋江泉州古外销陶瓷初探》[《厦门大学学报(哲学社会科学版)》1979 年第 1 期];《宋元时期景德镇青白瓷窑系的外销》(《景德镇陶瓷》1989 年第 Z1 期);《郑和下西洋与明代中国陶瓷的外销》(《南方文物》2005 年第 3 期)。

吴绵吉 学士(厦门大学),教授,曾任厦门大学人类学系主任,厦门大学客家研究中心副主任。长期从事人类学教学与研究,先后开设“考古学通论”“马恩著作选读”等课程,多年从事田野工作,足迹遍及四川、湖北、江苏及福建等省,主持或参加发掘的古遗址 10 多处。主要著作有《百越民族史》(合著,中国社会科学出版社,1988 年)、《百越文化》等 4 部,发表论文 50 多篇,代表性论文有:《试论昙石山遗址的文化性质及其文化命名》[《厦门大学学报(哲学社会科学版)》第 2 期];《从越族图腾崇拜看夏越民族的关系》(《中央民族学院学报》1985 年第 1 期)。曾获全国高校人文社会科学优秀成果二等奖、福建省 1998 年社科优秀成果三等奖。享受政府特殊津贴。

邓晓华 博士(华中科技大学),教授,兼任中国人类学学会秘书长、中国博物馆学会理事、中国民族学学会理事、中国人类学民族学研究会理事、中国汉民族学会常务理事、中国民族语言学会理事。主要研究领域为：比较语言学、汉语方言学、人类学、族群关系与族群理论、文化遗产、博物馆学。主持多项国家社科基金、教育部人文社科规划等项目，曾多次获得国家级科研和省部级科研奖项。主要代表作有：《闽西客话韵母的音韵特点及其演变》(《语言研究》1988 年第 1 期)；《南方汉语中的古南岛语成分》(《民族语文》1994 年第 3 期)；《客、赣、闽方言特征比较》(《语文研究》1998 年第 3 期)；《客家话与畲语及苗瑶语、壮侗语的关系》(《民族语文》1999 年第 3 期)；《苗瑶语族亲缘关系的计量研究》(《中国语文》2003 年第 3 期)；《搭建客家文化交流的网络平台》(《亚太经济》2010 年第 5 期)；《论壮侗语与南岛语的发生学关系》(《语言研究》2011 年第 4 期)。

彭兆荣 博士(四川大学)，教授，美国加州大学伯克利分校人类学系高级访问教授。曾主持国际间合作项目、国家哲学社会科学项目、国家哲学社会科学规划项目、福建省社会科学重大项目等，其多篇论文被《人大复印资料》转载。出版专著有：《人类学仪式的理论与实践》(民族出版社，2007 年)；《遗产：反思与阐释》(云南教育出版社，2008 年)；《文化特例》(贵州人民出版社，1997 年)；《摆贝：一个西南边地的苗族村寨》(三联书店，2004 年)等。主要代表作有：《幻形：一个鲜为人知的美学原理》(《文艺理论研究》1985 年第 4 期)；《痛苦的宣泄：从酒神、模仿的关系看希腊悲剧的本体意义》(《外国文学评论》1988 年第 2 期)；《被缚的妻子们：古希腊文学中女性性格的分离与原天型辐射》(《外国文学评论》1992 年第 3 期)；《“顶冠”的原型性结构意图》(《外国文学评论》1994 年第 4 期)；《红毛番：一个增值的象形文本》[《厦门大学学报(哲学社会科学版)》1998 年第 2 期]；《人类学仪式理论述评》(《民族研究》2002 年第 2 期)；《民族志书写：徘徊于科学与诗学间的叙事》(《世界民族》2008 年第 4 期)等。

石奕龙 博士(厦门大学)，教授(博士生导师)，厦门大学人类学研究中心主任，兼任中国都市人类学会、中国民族学学会、中国台湾少数民族研究会常务理事，中国人类学学会、中国民俗学会、中国社会学会民族社会学专业委员会、中国百越民族史研究会理事，福建省民俗学会常务副会长，山东大学《民俗研究》杂志特约编委。主要研究领域为：文化人类学、民族学、中国东南民族史、民俗学、历史人类学、应用人类学、汉人社会民间文化等。曾主持国家社科基金重大项目、厦门市台办重大项目、教育部“八五”规划项目，参与多项国际合作与国家社科项目的研究。主要代表作有：《实事求是：文化人类学的追求》（《人类学的世纪坦言》，2004 年 1 月）；《列维·斯特劳斯与他的结构人类学》（《文化理论与族群研究》，2004 年 2 月）；《风水抑或资源控制——单姓宗族村落形成的主位与客位解释》（《文化理论与族群研究》，2004 年 2 月）；《一个客家山村的元宵游神赛灯活动》（《民俗研究》2007 年第 3 期）；《中国汉人自发的宗教实践——神仙教》（《中南民族大学学报》2008 年第 3 期）；《畲民在成年礼后就能加上“法名”吗》（《畲族文化新探》，2012 年 8 月）。

张先清 博士（厦门大学），特聘教授（博士生导师，博士后流动站合作导师）。主要研究领域为：海洋地带的族群、社会与文化、海洋人类学、基督教与跨文化研究、东南族群关系与社会文化。曾主持国家社科基金重大项目、教育部人文社科重点研究基地重大项目、中央高校基本科研业务费专项资助项目、教育部新世纪优秀人才支持项目等；曾获香港中文大学崇基学院第一届“宗教与中国社会研究”博士论文奖，国务院学位委员会、教育部全国优秀博士论文奖，教育部新世纪优秀人才，福建省哲学社会科学优秀成果奖，福建省哲学社会科学领军人才，厦门大学邓子基奖，厦门大学葛家澍奖。主要代表作有：《“三渔”、资源与环境：日本的海洋民族学研究》（《中央民族大学学报》2019 年第 1 期）；《澳门的海洋研究——一个人类学的视角》（《南国学术》2019 年第 1 期）；《人类学、影像民族志与族群景观：林惠祥的早期台湾原住民田野摄影》（《西北民族研究》2019 年第 1 期）；《从“他者”到“国民”——近代中国关于疍民的公共话语与族界建构》（《学术月刊》2018 年第 12 期）；《身体的隐喻：16—19 世纪欧洲社会关于中国人的种族话语》（《学术月刊》2011 年第 11 期）。

张亚辉 博士（北京大学），教授（博士生导师，博士后流动站合作导师），厦门大学人类学与民族学系主任。主要研究领域为：社会与文化人类学理论与方法、藏族社会研究，主持国家社科基金项目等项目多项。主要代表作有：《灌溉制度与礼治精神》（《社会学研究》2010 年第 4 期）；《亲属制度、神山与王权：吐蕃赞普神话的人类学分析》（《民族研究》2014 年第 4 期）；《皇权、封建与丰产：晋祠诸神的历史与神话的人类学分析》(《社会学研究》2014 年第 1 期);《馈赠与联盟:莫斯的政治发生学研究》(《学术月刊》2017 年第 8 期);《土地制度与边政忧思:谷苞先生的卓尼经济研究》(《西北民族研究》2019 年第 3 期);《封建、等级与家屋:论林耀华的藏区研究与边政思想》(《西北民族研究》2018 年第 2 期);《道德之债:莫斯对印欧人礼物的研究》(《社会》2020 年第 3 期);《神圣婚姻与法替代:论吐蕃王权的佛教化》(《民族研究》2020 年第 3 期);《费孝通的两种共同体理论:比较研究的反思与重构》(《中央民族大学学报》2020 年第 5 期);《水德配天:一个晋中水利社会的历史与道德》(民族出版社,2008 年);《宫廷与寺院:1780 年六世班禅朝觐事件的历史人类学研究》(中国藏学出版社,2016 年)。

龚浩群 博士(北京大学),教授(博士生导师,博士后流动站合作导师),2020 年入职厦门大学,主要研究领域为政治人类学、宗教人类学、泰国研究和海外民族志方法。迄今主持国家社科基金项目 1 项,省部级科研项目 3 项。主要代表作:《佛与他者:当代泰国宗教与社会研究》(社会科学文献出版社,2019 年);《信徒与公民:泰国曲乡的政治民族志》(北京大学出版社,2009 年);《灵性政治:新自由主义语境下泰国城市中产阶层的修行实践》(《中央民族大学学报》2018 年第 4 期);《泰国城市中产阶层的修行实践与宗教双符制研究》(《开放时代》2016 年第 6 期);《清教的流变:美国东镇一位神教会的约定、政体及其现代转型》(《中央民族大学学报》2015 年第 4 期);《文化间性与学科认同:基于人类学泰国研究经验的方法论反思》(《广西民族大学学报》2013 年第 3 期)。

三、社会工作系教授

张友琴 学士(厦门大学),教授(博士生导师)。曾荣获多项奖项:厦门大学“清源奖”(1996,教学类)、“自强奖”(2002)、福建省教育工会“三育人”先进个人(1996)、厦门市“三八红旗手”(2002)、厦门大学“优秀共产党员”(1997)。1982 年 2 月入职厦门大学哲学系,任助教、讲师、副教授(1993)、教授(2002)。1993 年任哲学系副系主任,2000 年任社会学系主任,2004 年任公共事务学院副院长。

主要研究领域为社会政策、社会保障与社会福利、老年社会工作。先后主持国家社科基金项目 1 项，省、市级科研项目 4 项。主要代表作：《老年人社会支持网的城乡比较研究》（《社会学研究》2001 年第 4 期）；《社会支持与社会支持网》［《厦门大学学报（哲学社会科学版）》2002 年第 3 期］；《城市化与农村老年人的家庭支持》（《社会学研究》2002 年第 5 期）；《城市化政策与农民主体性》［《厦门大学学报（哲学社会科学版）》2004 年第 3 期］；"Social Security Fund for Peasants Suffering Land Loss"［*Social Development Issue*，2005，27(3)］。

童敏 博士（香港理工大学），教授（博士生导师，社会学博士后流动站合作导师），教育部社会工作专业学位指导委员会委员，全国社会心理服务体系建设试点专家，第七届林护杰出社会工作学人奖获得者，社会工作系系主任。主要研究领域为精神健康社会工作、健康社会工作、社会工作理论和中国文化与社会工作。先后主持过 1 项国家社科基金项目、1 项教育部人文社科基金项目和 4 项民政部社会工作招标项目。主要代表作：《社会工作理论——历史环境下社会服务实践者的声音和智慧》（社会科学文献出版社，2019 年）；《专业化的"陷阱"：三社联动下计生特殊家庭帮扶服务的反思》（《中国行政管理》2019 年第 4 期）；《深度社会工作的百年审视与本土理论体系建构》［《厦门大学学报（哲学社会科学版）》2019 年第 3 期］；《社会工作本质的百年探寻与实践》［《厦门大学学报（哲学社会科学版）》2009 年第 5 期］；《风险中的能力：脱贫攻坚社会工作的实践与反思》（《中国社会工作研究》2019 年第 18 辑）；《如何反思：社会工作反思实践的路径和框架》（《中国社会工作研究》2019 年第 17 辑）；《反思、批判和反身性：实现"助人自助"的三种服务策略"》（《中国社会工作研究》2017 年第 15 辑）。

魏爱棠 博士（厦门大学），教授，社会工作系副主任。主要研究领域为社区工作、华人文化与社会工作、文化遗产的人类学研究。先后主持国家社科基金项目 1 项，省部级社科规划项目 2 项，并曾获省市级社会科学成果奖多项。主要代表作有：《加礼的记忆：泉州提线木偶戏的遗产认同研究》（北京大学出版社，2015 年）；《遗产运动中的政治与认同》［《厦门大学学报（哲学社会科学版）》2011 年第 5 期］；《城中村改造与社区资产建设的"地方维度"》（《中国社会工作研究》2018 年第 16 辑）；《集体为本：城中村失地老人的资产建设与福利生产》（《中国行政管理》2019 年第 2 期)；"Conjuncture and Cultural Reproduction in the Process of Embedding: Social Work Practice in the Context of Government Purchase of Services in China" [*China Journal of Social Work*, 2018(11)]。

曾华源 硕士(台湾大学)，教授，长期从事社会工作研究。先后主持台中市政府社会局、台中市政府等部门委托项目数十项，出版著作数十部。主要代表作有:《社会个案工作》(洪叶文化出版社，2015 年)；《社会团体工作》(洪叶文化出版社，2016 年)；《志愿服务概论》(合著，扬智出版社，2003 年)；《社会工作专业教育研究》(五南出版社，1993 年)；《社会工作实习教学者教学效能影响因素之研究》(张老师出版社，1989 年)；《社会工作实习教学:理论、实务与研究》(五南出版社，1987 年)；《长者参与志愿服务之价值与措施——增权取向》(第一作者，《社区发展季刊》2018 年)；《社会工作发展趋势与台湾专业教育的对应》(《社区发展季刊》2006 年)。

四、人口与生态研究所教授

李明欢 博士(荷兰阿姆斯特丹大学，荷兰莱顿大学博士后)，教授(博士生导师)，中国华侨历史学会副会长，世界海外华人研究学会(International Society for the Studies of Chinese Overseas)会长，享受国务院政府特殊津贴专家。主要研究领域为移民社会学。先后主持国家社科基金项目 5 项(其中一项为国家社科基金重大委托项目)，成果曾先后获福建省社会科学优秀成果专著类一、二、三等奖多项。主要代表作:《当代海外华人社团研究》(厦门大学出版社，1995 年)；*We Need Two Worlds*:*Chinese Immigramt Associations in a Western Society*(Amsterdam Universty Press，1999)；《欧洲华侨华人史》(中国华侨出版社，2002 年)；《国际移民政策研究》(厦门大学出版社，2011 年)；*Seeing Transnationally*: *How Chinese Migrants Make Their Dreams Come True*(比利时鲁汶大学出版社与中国浙江大学出版社共同出版，2013 年)；《欧洲华侨华人史·增订版》(暨南大学出版社，2019 年)。

叶文振 博士(美国犹他大学,美国普林斯顿大学人口学博士后),教授(博士生导师),享受国务院政府特殊津贴专家,先后兼任厦门大学福建女性发展研究中心主任、全国妇联厦门大学妇女/性别研究与培训基地副主任、中国妇女研究会副会长、中国人口学会常务理事、福建省妇女理论研究会会长、福建省和谐社会研究会会长。曾任厦门大学人口研究所所长等职。主要研究领域为跨学科与多学科的婚姻家庭与妇女发展研究。获得国家社科基金、教育部社科规划项目等科研课题资助20多项,公开发表中英文学术文章180多篇,出版专著、合著和编著16部,19项科研成果获得省部级奖励。主要代表作:《出生人口性别比:性别平等与人口安全》(主编,厦门大学出版社,2012年);《父母离婚与子女福利》(《国外社会科学》2002年第2期);《女性学的研究方法及其学科意义》(《妇女研究论丛》2006年第4期);《中国女性心理健康:现状、原因与对策》(《马克思主义与现实》2010年第5期);《中国人口学科的国际化水平及其影响因素》(《人口研究》2012年第2期)。

五、人类学研究所教授

Augustin Holl(高畅) 博士(法国巴黎第一大学),厦门大学特聘教授,兼任达喀尔大学特邀教授、雅温得第一大学讲座教授、非洲语言与传统文献研究中心研究员、联合国教科文组织非洲通史第九卷国际科学委员会主席、联合国教科文组织顾问、美国国家自然历史田野博物馆研究员。主要代表作:"On the Iron Front: New Evidence from North Central Africa"[co-authored with E. Zangato, *Journal of African Archaeology*, 2011, 8(1): 1-17];"Migrations, Ethnogenesis, and Settlement Dynamics: Israelites in Iron Age Canaan and Shuwa-Arabs in the Chad Basin" [co-authored with T. E. Levy, *Journal of Anthropological Archaeology*, 2002, 21(1): 83-118];"Livestock Husbandry, Pastoralisms, and Territoriality: The West African Record"[*Journal of Anthropological Archaeology*, 1998(17): 143-165]。

王传超 博士(复旦大学),教授,主要研究领域为从古DNA和群体遗传学与语言学、历史学、考古学的交叉研究来解析东亚古今各族群的起源、迁徙、演化和混合过程。主讲课程为“东亚族群遗传混合历史”“人类起源与演化”。曾主持European Research Council（ERC）、国家自然科学基金重大研究计划、南强青年拔尖人才支持计划等项目，曾多次获得国家级、省部级科研奖项。主要代表作有：“Reconstruction of Y-chromosome Phylogeny Reveals Two Neolithic Expansions of Tibeto-Burman Populations”（*Molecular Genetics and Genomics*，2018）；“The Genetic Assimilation in Language Borrowing inferred from Jing People”（*American Journal of Physical Anthropology*，2018）；“The Genetic Admixture in Tibetan-Yi Corridor”（*American Journal of Physical Anthropology*，2017）；《曲阜地区孔姓人群 17 个 Y-STR 基因座遗传多态性分析》（《人类学学报》2016 年第 1 期）；《青岛沧口潮间带小型底栖生物的时空分布研究》（《中国海洋大学学报》2012 年第 S1 期）。

编后记

厦门大学社会与人类学院于2018年11月28日成立,2019年3月23日正式揭牌,是厦门大学最新成立的学院。历史新开,但学院的社会学和人类学专业办学历史悠久。1921年,厦门大学建校;同年,厦门大学设立社会学本科专业,并成立历史社会学系,成为国内最早的社会学系之一。2021年,厦门大学100岁了,厦门大学社会学学科也100岁了。值此重要的历史时刻,谨以此书为厦门大学百年华诞献礼,也为厦门大学百年群学献礼。铭记历史,并继续开创历史!

本书详细梳理了社会与人类学院下设的社会学系、人类学与民族学系、社会工作系、人口与生态研究所、人类学研究所发展的历史;追溯学科发展的传统和根基;呈现学科在学术研究、人才培养、对外交流与合作、社会服务等方面的历史传承、优势与特色,及取得的重要成果、产生的现实影响等。

为编纂本书,社会与人类学院成立了院史编纂组。编纂组组长:谢银辉、胡荣;副组长:张先清、徐延辉;组员:张亚辉、易林、童敏、蓝达居、卜玉梅。周志家、陈福平、魏爱棠、戴小力、龚文娟、杨凌燕、唐美玲、阳妙艳、刘子曦、任锋、张洋勇、潘海敏、郑思明、王传超、俞云平、杨晋涛、刘家军、葛荣玲、王平、宋雷鸣、胡荣(女)、韦兰海、林琦、尹梦琴、陈锦英、牛燕、刘美君、邱莹、张灵、尹梦琴、戴欢等参与了院史资料的收集和补充工作。全书由卜玉梅、蓝达居统稿。

此书也献给所有为厦门大学社会与人类学院发展做出贡献的人们、所有支持社会与人类学院发展的人们,并感谢审稿人及责任编辑。本书部分数据汇总截至2020年3月,部分内容采纳最新信息。凡有纰漏之处,敬请雅涵。

厦门大学社会与人类学院院史编纂组
2021年3月